VIIe ET DERNIÈRE LETTRE. — 10e, 11e ET 12e LIVRAISONS.

LETTRES AUX GENS DE FROTEY

PAR

AUGUSTE GUYARD

« La passion est exclusive ; c'est la détruire ou du moins la transformer heureusement que de briser les bornes étroites où elle s'enferme.
» La pacification des esprits est dans l'élargissement des intelligences. »

Discours de M. Duruy aux sociétés savantes.

UNE LEÇON D'HISTOIRE.

Prix des trois livraisons : 3 francs

Au profit de l'Œuvre de Frotey-lez-Vesoul.

PARIS

E. DENTU, ÉDITEUR, PALAIS-ROYAL, GALERIE D'ORLÉANS. | Mme G. MAILLEY, 23, RUE CASSETTE, 23.

1865

AVIS

AUX SOUSCRIPTEURS A MES LETTRES AUX GENS DE FROTEY.

Le premier numéro du journal mensuel *la Commune modèle* est en voie de préparation. Je prie les personnes qui veulent y souscrire de vouloir bien m'en donner avis immédiatement.

Le prix de l'abonnement est de 10 fr. par an.

Tout souscripteur pour 10 fr. au journal, ou à mes *Lettres*, ou aux deux à la fois, est inscrit au livre d'honneur des coopérateurs de l'Œuvre de Frotey.

Tout souscripteur pour 100 fr. est inscrit au livre d'honneur des bienfaiteurs.

Tout souscripteur pour 1.000 fr. est inscrit au livre d'honneur des fondateurs.

Ouvrages de M. Aug. Guyard en vente au profit de l'Œuvre.

1° LETTRES AUX GENS DE FROTEY. 12 livraisons. . . . . 10 »
2° LES FILS DE LA SORCIÈRE. 3 50
3° GUIDE MÉDICAL. 3 50
4° LE GREC ET LE LATIN APPLIQUÉS AU FRANÇAIS. 3 50
5° DES DROITS ET DES DEVOIRS. 2 50
6° L'ATHÉE CONSÉQUENT. 2 50

Envoyer le prix des souscriptions au journal et aux ouvrages ci-dessus en un bon sur la poste à Mme G. Mailley, 23, rue Cassette, à Paris.

Envoyer à la même adresse les communications qu'on aurait à faire à M. Guyard.

SEPTIÈME LETTRE

AUX GENS DE FROTEY.

UNE LEÇON D'HISTOIRE.

« Il est toujours bon de dire la vérité, dût-il en naître du scandale. » St GRÉGOIRE LE GRAND.

A Mme la Maréchale Élise de Mouromtzoff.

Dans ma dernière lettre, mes chers amis, je vous en ai dit bien long sur l'histoire et la littérature en général. Dans celle-ci, je voudrais vous exposer en raccourci un fait très-instructif de nos annales. L'histoire est le livre du peuple autant que le livre des rois.

Mais, auparavant, j'ai besoin de remercier votre excellent maire, M. Vernerey, et votre digne Conseil municipal de leur fermeté exemplaire et de la lettre si déterminée qu'ils m'ont écrite à propos de ceux qui font des pieds et des mains pour enrayer notre Œuvre.

Lisez plus loin, dans ma *Lettre à nos bons voisins*, cette nouvelle courageuse adhésion qui fait l'admiration des gens de Paris. Hourra! mes amis, comme disent les Anglais quand ils sont contents : voilà qui s'appelle parler, agir! voilà un maire et des conseillers dont vous devez être joliment fiers! Mais vous ne le serez jamais plus qu'ils ne le sont eux-mêmes de vous représenter ; et que je suis *glorieux*, moi, d'être le concitoyen, le frère, l'ami d'hommes de votre trempe.

Le point d'histoire dont je vais vous entretenir, c'est l'*Etablissement des Communes* en France.

Une commune, vous le savez, est une collection de familles qui diffèrent ou peuvent différer de rangs, de professions, de fortunes, d'opinions politiques ou religieuses, etc. ; c'est une collection d'individus aux caractères, aux goûts, aux aptitudes, aux travaux variés qui s'associent afin de pouvoir, ensemble, jouir de droits, de nécessités, d'avantages, et s'acquitter de devoirs dont chaque famille ou chaque individu ne pourrait pas jouir ou s'acquitter isolément.

La commune est une individualité multiple, une personnalité collective qui, de même qu'un simple particulier, a sa vie propre, son caractère, son développement spécial; qui a le droit de posséder, de vendre, d'acheter, etc.; de faire librement, comme vous et moi, tous les actes de nos codes. Cette liberté définitive de la commune, avec les immenses avantages qui en découlent pour tous ses membres, est l'œuvre de la Révolution française. Le gouvernement de Napoléon III, qui a pris à tâche de développer pacifiquement les généreux principes de 89, et d'émanciper peu à peu les classes laborieuses, vient de soumettre au Corps législatif un projet de loi qui a pour but d'augmenter encore nos franchises communales.

On compte aujourd'hui près de 40 mille communes dans nos 89 départements, tandis qu'il n'en existait pas encore une seule en France il y a huit ou neuf cents ans. Alors les villes, les bourgs et les villages ne s'appartenaient pas du tout. Ils étaient la propriété des barons et des évêques, qui abusaient à qui mieux mieux de leurs droits de propriétaires.

Ce n'est qu'au onzième siècle qu'on voit poindre l'établissement de la commune.

La tyrannie et l'exploitation des seigneurs étaient devenues si insupportables que bourgeois, serfs et manants firent des associations secrètes pour s'en affranchir à tout prix. Ces associations de défense mutuelle s'appelaient *communions* ou *communes*, et leurs membres, *jurés* ou *communiers* (1). « Pourquoi, chantaient ces pauvres souffre-douleurs :

> Pourquoi nous laisser faire dommage?
> Nous sommes hommes comme ils sont;
> Des membres avons comme ils ont;
> Et tout autant grands cœurs avons;
> Et tout autant souffrir pouvons. »

Les premières révoltes éclatèrent en Normandie et en Bretagne parmi les paysans qui plus malheureux que les gens des villes, étaient aussi naturellement plus outrés. Elles avortèrent et furent noyées dans le sang des insurgés. « Les chefs, dit M. Duruy, qui est aussi grand historien que grand ministre, les chefs furent brûlés à petit feu, arrosés de plomb fondu ou empalés. On renvoya les autres avec les yeux crevés, les poings coupés, pour répandre la terreur dans les campagnes. »

Ces cruautés terrorisèrent en effet momentanément les communiers. Mais l'heure de l'affranchissement avait sonné. La révolte, étouffée dans les bourgs et les villages, s'organisa dans les villes, où bientôt s'accomplit la révolution.

« Commune, dit un auteur ecclésiastique du XIIe siècle, est un mot nouveau et *détestable;* voici ce qu'on entend par ce mot : les gens taillables ne payent plus qu'une fois l'an à leur seigneur la rente qu'ils lui doivent, et s'ils commettent quelque délit, ils en sont quittes pour une amende légalement fixée. »

La légalité substituée pour les manants à l'arbitraire

(1) Il ne faut pas confondre les *communiers*, ou fondateurs de la commune, avec les *communistes* qui veulent le partage égal et la communauté des biens.

et à la violence, voilà qui devait en effet paraître bien détestable aux oppresseurs, puisque c'était la ruine de la féodalité. « Mais, dit encore excellemment M. Duruy, la société qui périt par ses fautes accuse toujours celle qui la remplace. »

Les deux villes qui donnèrent le signal de l'insurrection furent le Mans et Cambrai.

Le Mans, alors, mes amis, ne s'amusait guère à fabriquer des chapons, triste célébrité qu'il partage aujourd'hui avec le sérail de Constantinople et la chapelle Sixtine de Rome. Mais il créait de mâles communiers devant lesquels les évêques eux-mêmes étaient forcés de baisser la lance. Car nous verrons tout à l'heure que le clergé féodal s'opposa aux communes modèles de ce temps-là par le fer, par le feu, par l'excommunication, et que les papes eux-mêmes excitèrent les rois à casser ces exécrables communes. « *Communiam abroget*, écrivait Boniface VIII à Philippe le Bel en parlant de la commune de Laon, *Ecclesiæ dudum injuriosam ac juri ecclesiastico inimicam; qu'il détruise cette commune comme contraire au repos de l'Eglise et au droit ecclésiastique*. »

Ce fut à l'occasion d'une taille nouvelle qu'on voulait pratiquer sur eux, que les coqs du Mans se soulevèrent. Ils contraignirent, l'éperon sur la gorge, leur évêque et ses prêtres à *jurer la commune*, et à marcher à leur tête contre leur comte avec les croix et les bannières. Les Manceaux furent vainqueurs, et il ne fallut rien moins que Guillaume le Conquérant pour leur reprendre la ville ; encore n'osa-t-il pas leur enlever leurs franchises municipales. Ceci se passait en 1066.

Dix ans plus tard, s'établissait, aussi par insurrection, la commune de Cambrai, après avoir lutté pendant plus de cent ans contre l'autorité épiscopale.

En 957, les Cambrésiens, profitant d'une absence de l'évêque, se liguèrent contre lui pour l'empêcher de rentrer dans la ville. L'évêque appela à son secours l'armée de l'empereur d'Allemagne avec laquelle il n'eut pas de peine à réduire Cambrai. Mais la victoire ne suffisait pas à sa rancune sacerdotale, il lui fallait une vengeance.

Quand l'association des bourgeois se fut dissoute, l'évêque fit traîtreusement attaquer dans les rues les habitants paisibles et désarmés. Ses soldats les poursuivirent jusque dans les églises, tuant tout ce qui résistait, coupant les pieds et les mains aux prisonniers, leur crevant les yeux, ou les livrant au bourreau qui leur stigmatisait le front d'un fer rouge.

Je vous laisse à penser, mes amis, les bénédictions que ceux de Cambrai souhaitèrent, au fond du cœur, à leur doux seigneur évêque !

Peu de temps après, ils firent contre lui une nouvelle conjuration dans laquelle ils enveloppèrent tout le clergé métropolitain. Chanoines et clercs furent expulsés de la ville ou emprisonnés et leurs maisons démolies. Mais une armée impériale rétablit encore une fois la seigneurie ecclésiastique.

En 1064, l'insurrection se réveilla ; l'évêque fut fait prisonnier, et c'est à peine si trois armées d'Allemands purent soumettre les Cambrésiens. Douze ans plus tard, ils se soulevaient de nouveau et obligeaient l'empereur d'Allemagne à venir en personne détruire leur association jurée. Au bout de vingt ans, la commune de Cambrai reconstituée passait au loin pour la commune exemplaire où ni empereur allemand, ni archevêque ultramontain et féodal, ne pouvait établir de taxe.

Depuis lors, grâce à l'inébranlable constance de son *majeur* ou maire et de ses conseillers municipaux, la commune de Cambrai, abolie deux fois encore, se releva et continua de prospérer et de se faire craindre, en soutenant jusqu'au milieu du XIVe siècle une guerre à outrance contre ses prélats.

Je vous fais remarquer en passant que les communiers ne se révoltaient point contre l'autorité spirituelle, mais seulement contre la domination temporelle du clergé devenue insupportable. C'est cependant cette domination-là que regrettait devant vous, naguère, à la grand'messe ce prédicateur d'emprunt qui s'écriait : « Religion sainte ! faites revivre, et *bientôt*, parmi nous ces BEAUX JOURS de l'ANCIENNE FRANCE ! »

Tels furent, mes amis, pendant quatre cents ans, les rapports des Cambrésiens avec les prédécesseurs du doux Fénelon, cette fleur des chrétiens, des prêtres et des évêques. Ah ! ce n'est point cet archevêque-là qui se fût opposé à l'œuvre affranchissante et civilisatrice des gens de Cambrai, du Mans ou de Frotey, lui qui, dans son plus bel ouvrage, le Télémaque, a fait le programme de la commune modèle de Salente ! Il s'y fût associé au contraire de toute son âme, ce grand prélat dont la raison et la foi, divines sœurs, se partageaient le cœur sans jalousie ; ce pieux ami du progrès exclu pour ses vertus mêmes de la cour d'un roi et du calendrier des saints. Mais qu'a-t-il besoin de la béatification romaine, celui qui fut canonisé de son vivant par le suffrage universel de ses contemporains, aujourd'hui ratifié par l'humanité tout entière ?

Lisez la vie de Fénelon, mes bons amis, et vous verrez comme il aimait sa patrie, ce gallican et généreux évêque, qui, dans la guerre de 1709, si désastreuse pour la France, nourrit, presque à lui seul, l'armée française pendant toute une campagne, et alla jusqu'à offrir au roi sa vaisselle même et ses propres effets ! Vous verrez comme il aimait les paysans, cet humble et doux pasteur qui s'asseyait sur une motte de terre, à l'ourlet d'un champ, pour faire la *causette* avec un laboureur ; ou qui allait à la recherche de la vache égarée d'un pauvre homme et la ramenait bientôt à son maître ahuri de tant de bonté ! Oh ! ce n'est pas Fénelon, ce directeur si intelligent des âmes, qui eût mis le bonheur et la gloire de sa vie à détruire à Frotey tous les amusements communaux, lui qui répondait à un curé de campagne qui se vantait maladroitement d'avoir aboli les danses dans sa paroisse :

« Monsieur le curé, vous avez aboli les jours de fêtes ! Ne dansons point nous-mêmes, mais permettons à ces pauvres gens de danser. Pourquoi les empêcher un moment d'oublier qu'ils sont malheureux ? »

Si j'en avais l'espace et le temps, mes amis, je vous raconterais la marche de la révolution communale ; je vous raconterais surtout l'héroïque établissement de la commune de Reims dont le fils d'un paysan franc-comtois, le savant cardinal Gousset, est aujourd'hui archevêque. Je vous dirai seulement que deux papes, Innocent II et Grégoire IX, firent à cette commune la plus vive opposition, et que ce dernier alla jusqu'à excommunier les Rémois, ces gens de rien, qui, à l'exemple de ceux du Mans et de Cambrai, avaient conçu l'audace de vouloir être quelque chose.

Vous lirez avec intérêt, je crois, le motif et la formule de cette excommunication. Je l'emprunte, avec le fond de mon récit, aux *Lettres sur l'histoire de France* de M. Augustin Thierry.

Grégoire IX, qui soutenait fortement l'évêque et les chanoines contre les prétentions des Rémois, avait déclaré nulle, de plein droit, la *soi-disant* commune de Reims, et ordonné au chapitre de faire comparaître devant lui les magistrats municipaux. C'était vers 1235.

Ceux-ci, comme de juste, refusèrent d'obéir à la sommation du chapitre. Alors Grégoire fulmina contre les Rémois en masse une sentence d'excommunication.

La bulle du Pape disait en substance :

« ... Notre frère l'archevêque de Reims est seigneur temporel, et *ses bourgeois* doivent être *ses fidèles sujets* en même temps que ses fils spirituels. Or, en s'insurgeant, ils ont outrepassé la *férocité des vipères* .. De peur donc que l'exemple d'une telle perversité ne soit imité par d'autres, nous vous enjoignons de publier solennellement la sentence déjà prononcée contre eux.

» Tant qu'ils persisteront sous l'excommunication, faites retenir leurs revenus, créances et autres biens... et s'il en est besoin, pour réprimer leur obstination, vous requerrez le secours du *bras séculier*. »

Conformément à cette bulle, l'anathème contre les Rémois fut publié dans toutes les églises cathédrales de la province, avec les lugubres cérémonies qui s'observaient en pareil cas.

Pendant que toutes les cloches sonnaient à la volée, l'évêque, dans ses habits pontificaux, debout et entouré de douze prêtres tenant des cierges allumés, prononçait en latin l'excommunication dont voici en partie la formule :

« ... Au nom du Père et du Fils et par la vertu du Saint-Esprit, nous les séparons du giron de la sainte mère Eglise... et nous les condamnons par l'anathème d'une malédiction perpétuelle ! qu'ils soient maudits à la ville, maudits à la campagne ! que leurs biens soient maudits et que leurs corps soient maudits ! que les fruits de leurs entrailles et que les fruits de leurs terres soient maudits !... qu'ils périssent à la seconde venue de Jésus-Christ ! que nul chrétien ne leur dise salut ! que nul prêtre ne célèbre pour eux la messe et ne leur donne la sainte communion ! Qu'ils soient ensevelis dans la sépulture de l'âne et qu'ils soient comme un fumier sur la face de la terre ! Et, à moins qu'ils ne reviennent à résipiscence, que leur lumière s'éteigne comme vont s'éteindre les flambeaux que nous tenons dans nos mains ! »

Alors, tous les prêtres jetaient leurs torches par terre et les éteignaient en marchant dessus.

Ensuite, l'évêque donnait au peuple, en français, l'explication de la cérémonie : « Sachez tous, disait-il, que vous devez traiter les excommuniés, non en chrétiens, mais en païens. Quiconque aura bu, mangé, conversé ou prié avec eux, ou les aura reçus dans sa maison, à moins que ce ne soit pour les engager à se repentir, sera excommunié comme eux. » Il ajoutait que, par l'autorité du souverain Pontife, les débiteurs étaient déchargés de toute dette envers les excommuniés.

Voilà, mes amis, les aménités qu'un vicaire du doux Jésus et de prétendus ministres de paix et d'amour osaient se permettre, au nom de Dieu, contre des frères plus éclairés et meilleurs qu'eux ; car les gens de Reims étaient des hommes de progrès. Qu'auraient-ils pu dire de plus fort s'ils avaient parlé au nom du diable? Mais l'excommunication, erreur, ignorance de l'homme, ne pourra jamais rien contre le progrès, enfant de Dieu. Les foudres de l'Eglise romaine n'ont pas empêché l'établissement des communes. Elles couvrent aujourd'hui la France, nombreuses comme ces mystérieux végétaux qui sortent de terre pendant l'orage.

On voit partout, dans l'histoire, l'excommunication porter malheur à ceux qui la pratiquent, qu'ils s'appellent Hébreux, Grecs, Chinois, etc. Je gagerais même que les Bohémiens, qui viennent on ne sait d'où, sont les restes errants d'un peuple élu, définitif, infaillible.

emmuraillé et par suite excommunicateur. Excommunier ce n'est pas séparer les autres de soi, c'est se séparer soi-même des autres et se condamner au dépérissement et à la mort par cet isolement du grand foyer de la vie commune.

De cette vérité fera foi cet apologue d'un Franc-Comtois ami de la commune modèle :

« Un jour, les *févioles* noires ayant tenu concile, expédièrent aux févioles de toutes couleurs et de toutes nuances la circulaire que voici :

» — Nous, enfants miraculeux du néant, du mystère et de la nuit profonde, au nom de Dieu, et en vertu de l'infaillibilité que nous tenons de lui, nous vous déclarons solennellement que nous sommes les seuls vrais, les seuls bons, les seuls beaux haricots ; et qu'en dehors de nous il n'y a que mensonge, corruption, laideur. Vous autres donc, de toutes variétés : blancs, rouges, bleus, jaunes, violets, nuancés, dépèchez-vous de vous convertir en noirs ultramontains comme nous, pour constituer ainsi la grande unité de notre espèce ; sinon nous vous déclarons excommuniés et damnés comme hérétiques et schismatiques.

» Ceux de couleur furent pris d'un fou rire à la lecture de cette circulaire outrecuidante, et s'étant à leur tour consultés en assemblée générale, ils envoyèrent aux noirs cette réponse :

» — Frères moricauds, nous enfants naturels de l'Etre des êtres, reflets de son intelligence et de sa lumière infinies, au nom et en vertu du sentiment et de la raison que nous tenons de Dieu, nous vous certifions que nous nous sentons et que nous sommes aussi haricots que vous. Tous de même farine, nous constituons ensemble, vous et nous, par la mêmeté de notre substance, une harmonieuse unité dans la variété et dans la liberté.

Chacun d'une couleur particulière et d'une nuance personnelle, nous répandons par le divers et le multiple une mélodieuse variété dans l'unité. Enfin, toutes nos espèces, nos sectes et nos individualités différentes forment ensemble, bon gré malgré vous, la société universelle des haricots.

» Nous nous garderons donc bien, frères moricauds, d'aller nous enténébrer tous à votre manière, comme vous nous l'ordonnez ; car nous ne produirions ainsi que l'inévitable et mortel ennui qui résulte de la monotonie et de l'uniformité.

» Mais, gardez-vous aussi, frères moricauds, de nous excommunier, selon vos menaces, nous qui sommes pour le moins dix fois plus nombreux que vous ; car ce ne serait pas nous, mais bien vous-mêmes que vous retrancheriez de la grande Eglise haricotière ; ce serait vous qui deviendriez sectaires.

» Nous convenons qu'en déteignant sur nous pour nous ombrer et nous chiner, vous nous faites assez bien ressortir. Mais croyez qu'à la rigueur, nous pourrions nous passer de vous, en nous entr'ombrant et nous entrechinant les uns les autres ; tandis qu'il vous serait impossible de vivre sans notre substance lumineuse que vous absorbez continuellement, pour ne nous rendre en échange que des ténèbres et du mystère dont nous ne sentons pas absolument le besoin. »

L'excommunication, mes amis, est une conséquence naturelle de la doctrine qui tire l'Univers du néant. Si les hommes sont faits de rien, si aucune réalité substantielle ne les relie entre eux et à Dieu, il est évident que chacun de nous, dans cette séparation absolue des autres êtres, est naturellement excommunié et n'a pas besoin de l'être par des formules. Mais si, au contraire, la création émane substantiellement de l'Etre des êtres ;

si nous sommes les rayons divins d'une même éternelle et universelle substance, il est clair que nous tenons inséparablement tous à chacun, et chacun à tous comme nous tenons à Dieu ; et que Dieu lui-même ne pourrait pas nous retrancher de cette communion universelle. Le pût-il d'ailleurs, qu'il ne le ferait certes pas, celui qui verse quotidiennement son beau soleil sur les méchants avec la même divine générosité que sur les bons.

L'histoire des communiers de Reims, de Cambrai et du Mans vous montre, mes amis, combien l'opposition taupière ou à ciel ouvert faite à ceux de Frotey est peu de chose en comparaison de la guerre acharnée des chanoines, des évêques et des papes à l'affranchissement des communes. Il est vrai que la résistance cléricale est en proportion de sa puissance actuelle, et qu'il ne faudrait pas lui tenir compte de sa modération comme d'une vertu. Si donc l'Église féodale casquée, cuirassée, munie de forteresses, de pierriers, de mangonnaux, ou d'artillerie de bronze; si le clergé César du moyen âge n'a pu empêcher le triomphe des libertés municipales, que voulez-vous que fassent contre la commune modèle, les ultramontains de nos jours avec leurs canons de papier et leurs bulles de savon ? Ils ne feront que des pas de clercs. Leurs aveugles résistances aideront à élever plus rapidement l'édifice à peine sorti de terre, dont elles insultent les fondations.

Vous voyez également par cette histoire que ce n'est point d'aujourd'hui que les gros et les petits bonnets du clergé ont cherché à mettre des bâtons dans les roues au chariot du progrès : ç'a été de tout temps.

Il ne faut ni nous en étonner, ni leur en vouloir. Si les fondateurs des religions sont essentiellement des hommes de progrès, les clergés qui leur succèdent sont, au contraire, naturellement stationnaires ou rétrogrades, et cela pour deux raisons : ils sont les interprètes infaillibles de dogmes immuables; ils vivent de ces dogmes. Un clergé demeure stationnaire tant qu'il est plus religieux que la société qu'il dirige. Il devient rétrograde dès que cette société a plus de religion que lui : ce qui arrive nécessairement un jour ou l'autre, puisque la société sans cesse avance pendant que le clergé reste immobile.

Quand donc le progrès talonne les clercs et menace de les supplanter, en les dépassant, comme a fait la vapeur pour les guimbardes, les coucous et les diligences, l'instinct de la conservation, au moins aussi fort que leur foi aux promesses divines et en leur infaillibilité, les ameute nécessairement contre le nouveau venu. Il n'y a que des saints qui pourraient, avec plaisir ou indifférence, se voir couper l'herbe sous les pieds. Aussi Jésus, du gibet où l'avait cloué le souverain pontife et le clergé de Jérusalem, cria-t-il en mourant cette excuse et ce merci pour eux : « Pardonne-leur, ô père ! car ils ne savent ce qu'ils font. »

Si les princes des prêtres, etc., ne savaient pas ce qu'ils faisaient, du moins sentaient-ils bien que s'ils ne se hâtaient de renvoyer à son père cet accomplisseur de la loi, leur rôle à eux-mêmes ne tarderait pas à s'accomplir.

Pour bien juger les gens, mes amis, il faudrait, se mettre à leur place. Si, comme les ultramontains, nous avions possédé pendant mille ans et plus les clefs du Paradis et de l'Enfer, et le tiers des richesses de la France, avec l'autorité et l'influence que ces choses-là donnent, est-ce que nous verrions de gaieté de cœur tout cela sur le point de nous échapper à la fois ?

Ayons donc compassion des cris si légitimes de douleur et de colère de tous ces pauvres meurtris que le progrès traîne à sa remorque. Apprenons-leur, pour les consoler, que le progrès est un conquérant généreux qui panse et guérit toutes les blessures qu'il a pu faire. Puis, espérons qu'instruit par l'expérience et le malheur, l'ultramontanisme enfin reconnaîtra combien il se trompait en pensant qu'un être relatif, temporaire et progressif, peut revendiquer l'infaillibilité de l'Être absolu, éternel, parfait; que l'homme peut s'ériger en Dieu.

Alors, mes amis, finirait, entre la société religieuse et la société civile, entre l'Eglise et l'État, ce malentendu dont nous souffrons tous; alors, cessant d'excommunier et de maudire, le prêtre tendrait au philosophe, qui la serrerait de grand cœur, une main que le philosophe lui a toujours offerte; alors la foi et la raison s'aimeraient comme deux sœurs jumelles ; alors la religion qui repousse aujourd'hui les avances du progrès se laisserait enfin toucher, et nous les verrions faire à la petite église de Frotey, sinon un heureux mariage d'inclination, au moins un édifiant mariage de convenance; alors, enfin, la concorde et le bonheur s'établiraient peu à peu sur la terre, à mesure qu'elle se couvrirait de communes modèles.

Ces heureux temps sont sans doute encore loin de nous. Pour en hâter la venue, serrons-nous, mes amis, autour de l'Œuvre de Frotey, qui est la continuation, le complément indispensable de celle du Mans, de Reims, de Cambrai, etc., et de la révolution de 89. Poursuivons courageusement notre calme insurrection contre la triple tyrannie de l'ignorance, de la misère, de la superstition; combattons à la manière fénelonienne, par la seule effusion de la parole, de la persuasion, ce grand combat de la civilisation que la France de Napoléon III soutient glorieusement dans les deux hémisphères, et bientôt nous aurons conquis la paix promise aux hommes de bonne volonté et de pacifique vaillance.

A l'*Œuvre* donc, mes amis! La commune de Frotey donne à ses 40,000 sœurs l'exemple d'un mouvement qu'elles suivront et qui sera d'autant plus entraînant qu'il sera plus modéré, plus insensible, plus continu. A l'*Œuvre* donc! mais sans impatience, sans soubresauts, sans temps d'arrêt, sans crainte surtout. Qu'auraient à craindre les coqs de Frotey retranchés derrière l'aigle de la France et le cygne de Cambrai? Ils peuvent laisser contre eux, piailler à l'aise, et croasser, et glousser, et cancaner, et claqueter les oiseaux de toutes grosseurs, de toutes couleurs, de tous ramages!

Oui, mes amis, laissons écrire, chanter, placarder contre nous les injures et les calomnies anonymes. On n'attaque violemment que ce qui est fort. Que rien ne nous émeuve, que rien ne nous détourne de notre grande et noble entreprise. Nous achèverons, soyez-en sûrs, notre commune modèle déjà plus d'à moitié faite par nos cinq cents volontés *comme* UNE. Oui, soyons unis, le reste, qui n'est qu'une question d'argent, nous sera, tôt ou tard, donné par surcroît.

Paris, janvier 1865. AUGUSTE GUYARD.

P. S. Mon père n'aime pas les places vides dans son jardin; je ne les aime pas non plus dans mes livres. Je remplis donc celle-ci, mes amis, par une excellente pensée, pleine d'à-propos, de l'un des plus illustres évêques de Rome. Écoutez et méditez ces paroles de saint Grégoire le Grand à l'empereur Maurice :

« Moi, dit le grand et saint évêque, je dis, sans la moindre hésitation que quiconque s'appelle ÉVÊQUE UNIVERSEL ou désire ce titre, est, par son orgueil, le PRÉCURSEUR DE L'ANTECHRIST. » DU PAPE p. 208.

Ailleurs, le même saint Grégoire qualifie le titre de pape universel de titre « *attentatoire, sacrilége, impie, inepte!!!* »

Extrait d'un livre très-modéré qui se vend à Paris, chez Dentu sous ce titre : DU PAPE, par *Philothée*, et dont l'auteur est un de nos diplomates les plus distingués. Voir la suite de ce *post-scriptum*, page 29.

POST-SCRIPTUM

A propos d'un catéchisme de M. le Curé.

J'apprends, mes amis, que votre directeur spirituel, M. Vernier, continue à catéchiser publiquement contre moi; que, l'autre dimanche, après avoir seriné pendant quinze jours ses réponses à un enfant des écoles, il a tenu avec cet enfant, à la grand'messe, à mon endroit, un long dialogue dont voici à peu près le début :

Le curé. — Qui t'a créé et mis au monde?

L'enfant. — C'est Dieu, monsieur le curé.

Le curé — En es-tu bien sûr?

L'enfant. — Oui, monsieur le curé.

Le curé. — Cependant un homme qui a fait ses classes, qui a beaucoup étudié et que vous connaissez tous, m'a dit que nous venions des bêtes. Dis-moi, est-ce un crapaud qui t'a créé et mis au monde? Ou bien un serpent? Sors-tu d'un œuf de dinde ou de butor (1)?

Puisqu'on s'obstine à m'attaquer, il faut bien, mes amis, que je persévère à me défendre : c'est mon devoir envers moi, envers mon Œuvre et envers vous-mêmes, qui avez fait cette œuvre *vôtre* et qui m'avez accepté tel que je me suis offert à vous; c'est, dis-je, mon devoir de répondre à tout ce qui tend à dénaturer mes pensées, mes intentions, mes croyances et par conséquent à détruire *notre* Œuvre. Je me suis assez montré dans mes *Lettres* ce que je suis, pour ne pas permettre qu'on me fasse autre.

Dans la seconde de ces *Lettres*, que je vous engage à relire, je vous explique longuement que nous venons de Dieu et que nous sommes substantiellement ses enfants.

(1) Héron à courtes pattes, à gros cou, qui dort le bec en l'air et mugit comme un bœuf.

Cependant, mes amis, voici venir un prêtre qui, devant le tabernacle et devant vous, ose m'accuser de faire venir l'homme directement d'un couple de serpents ou de dindons.

Or, écoutez à quel propos. Un jour, à la cure, j'expliquais débonnairement à M. Vernier — qui veut absolument que nous ne soyons que des fantômes d'êtres tirés du néant, et que Dieu peut y faire rentrer quand il voudra — de quelle manière je comprenais la création.

La création, lui disais-je, est l'analyse éternelle de Dieu. Dieu, Être des êtres, Substance des substances, Vie universelle, a tiré substantiellement de lui-même l'Univers illimité, qui exprime et manifeste à nos yeux sa personnalité divine infinie, avec la même évidence que la personnalité finie de mon semblable se révèle à moi par la forme limitée de son corps.

Doués eux-mêmes d'une fécondité et d'une puissance inépuisables, les Mondes de l'Univers produisent à leur tour d'autres mondes qui en produiront d'autres à l'infini.

Notre terre, probablement fille du soleil, exista d'abord à l'état de matière cosmique éthérée, invisible, qui se formula peu à peu en nuages transparents sous les lois de l'attraction.

Puis, sous un attraction de plus en plus énergique, arrivée, à un certain moment, à sa plus haute puissance, eut lieu une condensation instantanée qui solidifia la matière terrestre en une sphère de métaux. Le calorique latent dégagé par cette condensation subite fondit cette sphère. Les métaux liquéfiés se superposèrent, dans l'ordre de leur pesanteur, autour du plus lourd d'entre eux, qui devint le centre de la planète.

Cet état primitif du globe constitua le Règne ou Ciel Métallique : c'est la vie terrestre à son état élémentaire, la vie terrestre au premier degré.

Les métaux en se mariant à l'oxygène produisirent le Règne Minéral plus parfait que le premier, puisqu'il est le simple élevé au complexe : c'est la vie hominale au second degré.

Le Règne Minéral produisit à son tour le Règne Végétal qui

produisit le Règne Animal, qui enfin, par un élaboration de plus en plus parfaite, par une complexification de plus en plus grande, donna naissance au Règne Hominal, cinquième degré de la vie humaine et son point culminant à l'heure actuelle sur notre terre (1).

Je me représente le passé de l'Humanité par un triangle divisé en cinq échelons à commencer par la base. La vie métallique occupe cette base, et la vie hominale, l'échelon supérieur. Arrivée au sommet de ce triangle, l'Humanité commence à prendre possession d'elle-même par l'éclosion de la conscience et de la liberté dans chaque individu dont elle se compose.

Je me représente de même l'avenir ou devenir de l'Humanité par un second triangle égal et superposé au premier, de manière que les deux triangles s'unissent par leurs sommets. Figurez-vous, pour me comprendre, un X fermé en haut et en bas par deux lignes.

Placée au point d'unification de ces deux sommets, l'Humanité devient le point de départ d'une série de nouvelles évolutions vitales, de nouveaux règnes, qui, sous des noms divers, s'échelonneront dans le triangle superposé. Mais ces créations diverses : génies, anges, archanges, séraphins, chérubins, puissances, trônes, dominations, etc., — les noms n'y font rien — qui se succéderont sur les gradins de mon échelle de Jacob renversée, ne seront que de nouvelles phases du développement indéfini de l'humanité, des étapes de notre marche incessante vers l'Idéal ; la réalisation graduelle et sans confusion de la conscience universelle par chaque conscience individuelle, au moyen de l'épanouissement progressif du triangle lumineux de l'avenir, devenu le présent, dans le triangle obscur du passé.

(1) Le fœtus humain, dans sa première période embryogénique, passe par tous les degrés de l'animalité, comme pour nous enseigner la génésie de l'Humanité sur la terre.

Voilà mon explication de la création, à M. Vernier. Si elle ne vaut rien, elle n'est pas pire que la sienne.

Il me semble à moi, que, entre faire ainsi sortir les règnes l'un de l'autre par de lentes élaborations vitales qui modifient, transforment, élèvent graduellement les moules des espèces, et faire naître directement Pierre ou Jean d'un accouplement de crapauds, il y a la différence qui existe entre cette lumière céleste du *magnésium* dont j'ai un soir, à la mairie, émerveillée et réjoui vos yeux, et la rouge et noire lumière si triste des cierges de notre église; ou si vous l'aimez mieux, il y a entre ces deux modes de créations la distance qui sépare la bienveillance de la méchanceté, l'esprit de la sottise.

Mais je m'étonne du mépris souverain de M. Vernier pour les animaux. Jésus et les apôtres n'avaient point cette délicatesse. Nous ne voyons pas que le Sauveur naissant ait appelé les desservants de Nazareth et de Bethléem pour le réchauffer dans sa crèche; qu'il ait convié le Saint-Esprit à son baptême sous la forme d'un Souverain Pontife; qu'il ait fait son entrée triomphante à Jérusalem sur les épaules des séminaristes du Temple ; nous voyons au contraire qu'il donna la préférence au bœuf, à l'âne, à la colombe, à l'ânesse. Nous ne voyons pas non plus des sacristains servir de pupitre aux apôtres pour écrire leurs évangiles, mais quatre grands animaux dont l'un — entre parenthèses — avait bel et bien une figure d'homme.

La protestation dédaigneuse de M. le curé contre une origine animale pour l'Humanité me surprend d'autant plus que celle qu'il lui donne est beaucoup moins relevée. Ne vous catéchise-t-il pas à *gogo*, mes amis, que Dieu a pétri notre père Adam avec du limon, et que nous ne sommes que de la poussière? Que certains hommes viennent directement de la boue dont on les voit encore tout barbouillés, dont ils éclaboussent les autres en se secouant, je ne dis rien là contre. Mais nous faire tous ainsi sortir immédiatement de la fange, c'est nier la loi divine des transitions que j'observe en tirant l'humanité d'éléments plus élaborés.

Je soupçonnerais presque Jésus d'avoir cru à la génésie possible de l'humanité, par les espèces animales, les hommes doux venant des herbivores, par exemple ; les cruels, des carnivores ; les hypocrites et les rampants, des reptiles ; les simples, de certaines espèces volatiles. En effet, dans ses accès de sainte promptitude, ce doux Jésus n'appelait-il pas *race de vipères* les Scribes et les Pharisiens ? Si donc un prudent Pharisien, un Scribe habile peuvent descendre en ligne droite de la race tortueuse qui *frappe* à l'improviste dans l'ombre (1), je ne vois pas pourquoi un ignorantin ne pourrait pas éclore aussi d'un œuf de dinde ou de butor.

Je voudrais bien savoir, si M. le curé qui fait tant fi des bêtes quand il est à l'église, fait autant le dégoûté quand on lui sert à table des cailles ou des perdreaux ? Ce que je sais, mes amis, c'est qu'il ne recule pas devant une brochette de moineaux. Nous connaissons tous son faible malheureux pour les rôtis de ces oiseaux, si chers à l'agriculture. L'an passé, il en râfla 45 d'un seul coup dans une commune voisine ; et le lendemain de cette expédition, il provoquait vos enfants à le suivre au clocher pour les associer à un nouveau massacre des innocents.

A propos de moineaux, vous ne devinerez jamais le nombre de hannetons qu'un de ces oiseaux peut détruire en un seul jour ? Plus de 1,200 ! Dites cela, je vous prie, à M. le curé ; car j'aime à croire que lorsqu'il le saura, il aura des remords et voudra désormais modérer sa gourmandise à l'endroit des hôtes ailés de son clocher, surtout si j'ajoute que la chair de l'oiseau de Vénus est, comme celle du pigeon, l'un des plus puissants aphrodisiaques.

(1) Le serpent ne pique ni ne mord, comme on le croit ; il *frappe* de la mâchoire supérieure.

Son massacre de l'an passé, et l'abondance des hannetons, cette année, m'ont fait calculer que notre vénérable mangeur de moineaux s'en est assimilé au moins trois mille pendant le tiers de siècle qu'il a passé dans la paroisse (à supposer qu'il n'en ait mis à la broche qu'une centaine par an), et qu'à raison de 1,200 hannetons par jour, un seul moineau détruit, en une seule saison de trente jours, jusqu'à 36,000 de ces insectes.

Calculez maintenant vous-mêmes, mes amis, les milliards de hannetons qu'eussent détruits de 50 à 1,500 couples de moineaux et leur progéniture pendant trente ans; et les dommages causés au pays par une passion gourmande !

Sans être théologien, je me ferais aujourd'hui un cas de conscience de tuer, de propos délibéré, un seul moineau; et si j'étais confesseur, je refuserais l'absolution à M. le curé jusqu'à ce qu'il se fût corrigé de son goût déplorable pour le moineau rôti.

Cette lettre et ce *post-scriptum*, ainsi que la lettre que j'écris à nos bons voisins, vont soulever contre moi, je vous en préviens, mes amis, un redoublement de fureurs et de calomnies. On ne m'accusera plus seulement d'hérésie, d'impiété, d'athéisme, mais on me dépeindra à vous comme un missionnaire de Satan qui veut détruire la religion et ses ministres, la famille et la société.

Je proteste d'avance de toutes mes forces contre ces calomnies nouvelles.

Il ne faut pas, confondre la Religion et les religions.

La religion est divine, éternelle, immuable, indestructible. Elle est pour l'homme un besoin plus impérieux que celui du boire et du manger. J'aime donc la Religion plus que vous ne pouvez l'aimer vous-mêmes, parce que je la connais mieux, ayant toujours fait de la science religieuse ma principale étude à laquelle je rapporte toutes les autres.

Les religions au contraire sont humaines ; elles doivent donc évoluer, se modifier et progresser comme les sociétés mêmes dont elles manifestent, de mille manières (1), le sentiment religieux et les aspirations vers la connaissance de moins en moins imparfaite de Dieu et de la Religion.

Tant qu'une religion marche, progresse, elle est la santé et la vie de la société qu'elle exprime, et y toucher serait un crime. Mais quand elle est devenue stagnante et s'est corrompue en un cléricalisme étroit, sensuel, orgueilleux, cupide, superstitieux et intolérant, cette religion inocule à la société des germes de maladie et de destruction qu'il est du devoir du philosophe religieux de signaler et de combattre de toutes ses forces; car le cléricalisme est une maladie sociale d'autant plus dangereuse qu'il se croit la santé et donne les erreurs dont il se meurt pour la vérité pure, absolue, définitive, pour le seul moyen de salut.

C'est à ce devoir que j'obéis en critiquant, comme je le fais, l'ultramontanisme immobilisé dans ses dogmes décomposés par la rouille des siècles; badigeonné de paganisme et, malgré cela, condamnant, excommuniant par la voix de l'évêque de Rome la société civile à la veille d'une transformation religieuse.

Que les ultramontains d'entre vous qui me lisent ne se scandalisent et ne se blessent pas de quelques vivacités de style, de quelques images, de quelques termes qui sont indispensables à la claire et complète expression de ma pensée, car ces vivacités, ces images et ces termes n'ont de ma part aucune intention méprisante ou injurieuse pour personne.

Par exemple, ces mots *paganisme*, *évêque de Rome* que je viens d'employer ne me sont-ils pas nécessaires pour me faire comprendre? Par quels autres mots exprimerais-je aussi bien la double conviction où je suis : 1° que l'Eglise

(1) On compte aujourd'hui sur la terre onze cents religions sans comprendre leurs sectes et leurs sous-sectes.

romaine, — vraie d'une vérité relative, comme toute religion, — se trompe elle-même sans le savoir, et trompe les autres sans le vouloir, en se croyant et se disant exclusivement la seule Eglise du Christ ; la seule voie de salut pour l'Humanité, quand elle est au contraire aussi anti-religieuse et aussi anti-chrétienne que possible ; 2° que le titre de Pape, qui signifie évêque universel, évêque des évêques, roi et roi des rois, est une usurpation contre laquelle ont protesté de toutes leurs forces plusieurs évêques de Rome et surtout saint Grégoire le Grand ; contre laquelle a protesté d'avance l'Evangile ; contre laquelle enfin protestent en ce moment plus de huit cents millions d'hommes, — les quatre cinquièmes de l'Humanité. Il en est de même des mots *secte*, *cléricaux*, *ultramontains*, *dévots*, etc., qui sont uniquement dans mon intention des signes d'idées et jamais des signes de mépris ou d'injure.

Cela dit, et je regrette de ne l'avoir pas dit plus tôt, je voudrais, mes amis, pouvoir vous convaincre, autant que j'en suis moi-même convaincu, que lorsque, pour me défendre contre leurs violentes attaques, je critique les principes, les actes, les paroles de la secte ultramontaine et de ses ministres, non-seulement je ne travaille pas contre la Religion, mais que je combats pour elle, en même temps que pour la *commune modèle*, dont l'incompatibilité avec le *Romanisme* est assez démontrée par la guerre que celui-ci fait à notre œuvre chrétienne et civilisatrice.

Je voudrais aussi vous convaincre, mes amis, que je ne suis pas plus hostile aux prêtres qu'à la Religion. Comment serais-je l'ennemi des prêtres quand j'appelle tout homme à le devenir ; quand je me suis moi-même rangé parmi les apôtres de la Religion Universelle ? Ce que j'attaque dans le clergé ultramontain, ce ne sont pas les prêtres pris individuellement, c'est cet esprit clérical et ce corps sacerdotal qui, dans toutes les religions en décadence, sont opposés non-seulement à la Religion, mais même à la secte qu'ils croient servir.

Non, mes amis, je n'ai ni prévention ni haine contre les prêtres en tant qu'individus, pas même contre ceux qui me combattent avec tant d'acharnement et par des procédés si peu délicats et des armes aussi peu loyales. J'ai dans le clergé catholique d'anciens, d'excellents amis, qui, peut-être, m'eussent aidé dans mon œuvre au lieu de s'y opposer, s'ils eussent été à la place de mes agresseurs; j'ai serré cordialement la main à quelques curés du voisinage, qui n'ont aucune antipathie pour notre œuvre; j'ai fait et répandu parmi vous la biographie d'un évêque ami de ma famille; et j'aime avec dévouement cet évêque. J'estime enfin, je vénère et j'admire l'homme de Dieu et le saint prêtre dans Pie IX, quoique je sois obligé de combattre en lui le roi des Romains.

En défendant et soutenant la Religion, comme je le fais, je soutiens donc aussi la société et la famille dont la Religion est la base. Comment d'ailleurs serais-je un destructeur de la société quand je travaille à son perfectionnement et à sa consolidation, comme fondateur d'une commune modèle? quand, par mes principes d'éducation, j'ai réussi dans ce siècle d'individualisme à constituer une famille que je puis, sans modestie et sans orgueil, proposer pour exemple et pour modèle à ceux qui oseront m'accuser de détruire la société en détruisant son élément? Oui, je défie les ultramontains de montrer parmi eux une famille aussi intelligemment religieuse, aussi morale et aussi bien *élevée* que la mienne.

Elever toutes les familles d'un village au sentiment religieux, à la moralité, au dévouement réciproque qu'on admire dans mes enfants : voilà, mes amis, ce que j'entends surtout par fonder une commune modèle; car tout le reste en découle. Avant de mourir, voilà mon ambition. Qu'elle soit aussi la vôtre à tous, mes amis, et je réponds de votre salut sur le mien propre, en ce monde et en l'autre.

Plus que personne je désire la paix. Mais le devoir et l'honneur me défendent de poser le premier les armes devant ces dévots qui continuent à nous injurier et à nous calomnier anonymement, à déchirer ou à salir nos affiches; devant ces pieux inventeurs et colporteurs d'infamies qui transforment l'académie de Frotey en une officine de débauche, et le plus moral de ses prix en une prime à l'immoralité; devant les colères d'un père conscrit de la bureaucratie qui passe pour le compère intime d'un ennemi secret de notre Œuvre, deux fois père conscrit lui-même; enfin devant la complicité morale du Diocésain venu à Frotey l'an passé, quelques jours avant l'explosion des hostilités contre moi, qui, dès lors, sachant tout et pouvant tout empêcher d'un mot, a tout laissé faire et tout approuvé par son silence.

Si l'archevêque n'a pas connu d'avance l'opposition à notre Œuvre qui s'est manifestée avant la fête du 21 août 1864 : 1° par un déluge d'écrits anonymes de provenance évidemment cléricale; 2° par le refus du curé de Frotey de recevoir à l'église le grand tableau de Mlle Fohr; 3° par les attaques de ces deux prêtres qui ont prêché contre moi à la grand'-messe; au moins l'archevêque a-t-il eu certainement connaissance, après la fête, de cette opposition qui a fait tant de bruit dans le pays; sinon Sa Surveillance eût été en défaut, ce qu'on ne peut admettre.

Depuis lors, cependant, mes amis, l'opposition cléricale à notre Œuvre n'a pas discontinué : les écrits anonymes ont serpenté de plus belle dans le canton; notre harmonium dégradé dans le lieu saint n'a pu y rentrer, après sa réparation, devant l'interdit du curé; le curé a arraché nos croix des boutonnières des enfants, et chassé de l'église ceux qui les portaient; le curé a catéchisé et recatéchisé contre moi à la grand'messe; il s'obstine à priver les autres de musique et de peinture à l'église, quand lui-même communie sous l'espèce du vin dans le grand calice en argent qu'il me doit, dont il n'a daigné me remercier, mais qu'il ne dédaigne pas de garder, etc.

Tous ces faits ont eu aussi un grand retentissement dans le pays et dans les journaux.

Cette opposition cléricale à notre Œuvre qui se continue au su et au vu de l'archevêque, qu'il peut arrêter d'un mot et qu'il n'arrête pas, est donc bien approuvée par son silence. Le doute ne nous est pas possible. Ce n'est donc plus à M. Vernier que j'ai affaire maintenant, c'est à Mgr Mathieu. La partie devient inégale, je l'avoue, et ma petitesse tremblerait devant Sa Grandeur si j'avais oublié l'histoire sainte et si je ne savais encore assez passablement jouer de la fronde que j'étais si habile à manier quand je *gaminais* avec vous, mes amis, nu-pieds par tout le territoire.

Je ne poserai les armes que lorsque les ultramontains auront cessé le combat qu'ils ont commencé. Vous me rendrez ce témoignage, mes amis, que je ne suis point l'agresseur. Rappelez-vous de quelle tolérance, de quel esprit de conciliation et de charité sont remplies mes premières lettres. Je ne m'attendais guère alors à ce qui est arrivé depuis. Quoique cela m'eût été plusieurs fois charitablement prédit par un vénérable personnage, qui connaissait mieux que moi son monde, je n'y voulais pas croire. Ma naïveté, au moins, prouvait en ma faveur.

Les cléricaux n'auront donc qu'à s'en prendre à eux-mêmes si, en défendant contre eux notre œuvre évangélique d'émancipation intellectuelle et morale, il arrive que j'ébranle leur enseignement antichrétien et leur vieille influence dans ce pays. Rien n'est fort comme la foi sans le sou qui marche au combat poitrine découverte, et n'ayant pour champion que la charité et l'espérance. La foi millionnaire et couronnée qui a besoin d'être soutenue par des baïonnettes n'est plus la foi, c'est le doute, c'est-à-dire l'impuissance et la défaite. La calomnie aura beau faire, on voit bien que je suis plus véritablement religieux et chrétien que ceux qui me calomnient d'impiété et d'athéisme. Mes ennemis eux-mêmes le savent, et c'est pour cela qu'ils me poursuivent avec tant d'acharnement.

Oui, mes amis, je suis chrétien et je m'en glorifie. C'est au nom du Christ et en le priant de bénir mes intentions et mes efforts que j'ai commencé mon œuvre parmi vous; c'est en son nom que, bon gré malgré tout, je la continuerai, même alors que, d'une manière ou d'une autre, on parviendrait à me déloger momentanément de Frotey. Ce cas, mes amis, a été prévu, et s'il pouvait se présenter jamais, il faut que nos ennemis sachent bien qu'une commune voisine s'est bravement et spontanément offerte pour devenir, tout le temps nécessaire, le siége provisoire de l'Œuvre de Frotey.

Ainsi, mes chers amis, il n'a pas fallu plus de deux ans à l'idée vivace de la commune modèle pour prendre racine en ce pays, malgré les vents et les orages déchaînés contre elle. Merci, ô Christ! car c'est là ta première bénédiction!

Auguste Guyard.

Suite du *post-scriptum* de la page 17. Réponse du Pape saint Grégoire le Grand à Euloge, évêque d'Alexandrie, qui lui donnait le titre d'*Universel :*

» Je vous en prie, ne me dites jamais ce mot; car je sais qui je suis et qui vous êtes. Par votre siége vous êtes mes frères; par vos vertus vous êtes mes pères; vous ne devez pas plus donner le titre *orgueilleux* d'Universel et de Pape *à moi qu'à d'autres;* que votre douce Sainteté n'agisse donc plus ainsi à l'avenir, je l'en prie; vous ôtez aux uns ce que vous donnez de plus à un autre en particulier. Je ne demande pas à grandir en titres, mais en vertus. »

Dans la même lettre à Euloge, saint Grégoire se défend de lui avoir donné des ordres : « Je n'ai point *ordonné*, dit-il, j'ai pris soin *d'indiquer* à mon frère des choses qui m'ont paru utiles. »

Dans une lettre à Anastase le jeune, évêque d'Antioche, saint Grégoire dit aussi : « L'Église n'a et ne peut avoir d'autre fondement que celui qui a été indiqué par St Paul aux Corinthiens, c. à d. Jésus-Christ. » Du Pape p. 209 et 210.

Pie IX ne pense pas comme saint Grégoire; donc l'un des deux se trompe. Que devient alors l'infaillibilité du Pape? La vie entière de St Grégoire sur le trône pontifical fut une protestation contre l'institution de la Papauté.

BULLETIN

de l'Œuvre de Frotey-lez-Vesoul.

LETTRE A NOS BONS VOISINS

de Quincey, Colombe, Dampvalley, Moncey, Coulvon, Comberjon, Navenne.

I

Chers bons voisins, au début de mon œuvre, des incrédules de la ville m'assuraient que vous ririez tellement de cette pauvre commune modèle, qui a déridé tant de visages citadins depuis deux ans, qu'elle finirait par succomber sous les feux croisés de vos moqueries.

S'ils rient, tant mieux pour nos chers voisins, répondais-je ; car rien n'aide à la digestion, rien ne fait du bon sang, rien ne conserve ou ne rétablit la santé comme la gaieté. Tant mieux aussi pour la commune modèle, heureuse de fournir ainsi gratuitement à ses sœurs d'alentour une médecine agréable et salutaire ; heureuse surtout de cette ceinture de bouches épanouies par le rire ; car le rire est ordinairement la marque d'un naturel bienveillant ; tandis que des dents serrées et des lèvres pincées dénotent trop souvent la malveillance des cœurs méchants.

Cependant, frappé de l'observation de ceux de la ville, et ne méconnaissant pas la puissance du ridicule chez les fils des Gaulois, je crus prudent de vous compromettre avec nous dans un concours vicinal annuel d'éducation et d'agriculture, où vous vous êtes malheureusement trop peu compromis l'an passé.

Avant donc de vous associer d'une manière plus intime à Frotey, j'ai voulu m'assurer par moi-même de l'état de vos physionomies. Voilà pourquoi, au mois de février dernier, nous allions, M. Vernerey, mon père et moi, vous rendre une visite cordiale et, au besoin, répondre à vos sourires par les nôtres ; car les Frotéens sont les premiers, croyez-le bien, à plaisanter de leur commune modèle quand ils comparent son état actuel avec l'idéal qu'ils poursuivent.

Mais c'est en vain que nous avons cherché dans les sept villages une seule bouche moqueuse. A part un instituteur qui faillit se signer en m'entendant décliner mon nom, et qui envoya chercher son curé pour m'exorciser ; à part encore un maire qui, dit-on, se cacha pour ne point me recevoir, et renvoya obstinément à Paris le *Petit Moniteur* qui était envoyé gratuitement, non pas à lui, mais à la Commune, nous ne rencontrâmes partout que sympathies pour nos personnes et bonnes dispositions pour notre œuvre.

Les sept communes, représentées par leurs maires ou leurs adjoints et par leurs instituteurs, accueillirent avec gratitude les affiches grandes ou petites du concours vicinal de 1865, que nous leur portions : et, de tous côtés, on nous promit de venir à ce concours. Vous comprîtes tous, chers bons voisins, que Frotey avait dû nécessairement prendre, avant de l'avoir mérité, un titre qui pendant longtemps encore, hélas ! ne doit exprimer que son but et des acheminements progressifs vers ce but. Vous comprîtes qu'en foulant aux pieds le respect humain, et en bravant le ridicule par cette anticipation forcée de titre, nous avions fait acte de courage, de bon exemple, de bons citoyens ; et que Frotey est déjà commune modèle, au moins en cela qu'il a la ferme volonté de le devenir : mérite immense ! quand la routine courbe encore à ce point sous son joug abrutissant nos municipalités rurales, qu'on ne trouverait peut-être pas, à cette heure, en France, un village sur mille qui consentît à prendre une semblable initiative.

Quelques-uns d'entre vous, chers bons voisins, endoctrinés par des gens qui disent comme le journal *le Monde* : « que la moralisation par la science est une chimère ; que la science ne peut que donner plus de force et fournir plus de ressources à la perversité, » et qui concluent de là que je *fais un grand mal en cherchant à éclairer les paysans ;* quelques-uns d'entre vous, dis-je, ont semblé mettre en doute la persévérance des gens de Frotey. Que ceux-là veuillent bien lire la lettre que voici. Elle est signée par le conseil municipal, moins trois membres, et par un conseiller démissionnaire :

« Frotey-lez-Vesoul, le 27 novembre 1864.

» *A Monsieur Auguste Guyard, le Conseil Municipal de Frotey.*

» Nous persévérons *plus que jamais* dans l'adhésion que nous avons plusieurs fois donnée à l'Œuvre de Frotey que nous faisons *nôtre*. Nos vœux les plus ardents sont pour sa réussite, et notre gratitude vous est acquise pour votre zèle et votre abnégation, dont nous sommes les témoins et les admirateurs. Puisse notre concours moral vous être agréable, vous consoler dans vos tribulations et vous donner la force et le courage de conduire votre œuvre à bonne fin.

» Frotey est à l'ordre du jour dans le pays. Votre sixième lettre a tout mis en émoi. On la commente dans les soirées : c'est la lecture de famille.... Les ennemis de l'Œuvre sont en désarroi ; leur colère perce partout. Ils se vengent par des actes de Vandales. Ils ont coupé à l'église les cordes des soufflets de l'harmonium dont vous avez doté la commune ; et quand il a été réparé, M. le curé a défendu à l'instituteur de le replacer à l'église. Ils écrivent des lettres anonymes aux membres de l'Académie : — le 26, on en a reçu dix à Frotey ; — ils ridiculisent les croix données comme témoignages de satisfaction aux enfants studieux ; M. le curé les arrache des boutonnières des enfants, chasse de l'église et du catéchisme ceux qui les portent.

» La colère est mauvaise conseillère. Ces extravagances nous viennent en aide. Bientôt le parti de l'opposition sera réduit à sa plus simple expression : l'unité. Ce parti dont vous connaissez le chef de file est celui de l'obcurantisme et de l'asservissement qui veut une croyance aveugle à tout ce qu'il enseigne; qui maudit la charité qui ne passe point par ses mains ; qui appelle *bon vieux temps* celui où, de pair avec les seigneurs, il jouissait de la dîme, de la corvée, du droit de mainmorte et d'autres que nous n'osons écrire ; enfin, pour qui donner de l'instruction au peuple, lui apprendre à raisonner, à discuter est un crime.

» Courage, cher compatriote ! les quatre cinquièmes de la commune, au moins, sont avec vous ; et, outre le nombre, vous avez l'intelligence, tous les amis de l'humanité et du progrès. Vous avez la jeunesse et tous les pères de famille qui peuvent être libres. Y en aurait-il un seul assez barbare pour voir d'un mauvais œil le bien-être qu'on prépare à ses enfants, aux générations futures de Frotey ?

» Vous connaissez les soldats du camp opposé : ce sont des vieillards endoctrinés ; de pauvres ignorants sans énergie auxquels on a inspiré l'horreur de toute innovation ; des personnes dépendantes obligées d'obéir à un mot d'ordre.

» Notre part est belle. Le mouvement est plus fort que la résistance. Nous marcherons lentement, mais sûrement : c'est notre conclusion.

» Et nous sommes, cher compatriote, vos très-dévoués et très-reconnaissants serviteurs. » Suivent les signatures.

Quoique les signataires de cette lettre m'autorisent à publier leurs noms, je veux m'en abstenir dans l'intérêt de la concorde.

Mais je me trompe, chers bons voisins; depuis longtemps déjà, une profonde antipathie séparait Frotey de son pasteur, escorté de sa demi-douzaine de dévots. Je n'en suis en rien la cause; je ne suis que l'occasion qui a servi à la faire éclater de nouveau.

Le 24 mars 1861, plus de deux ans avant la fondation de la commune modèle, dans une délibération relative à l'agrandissement de l'église, le conseil municipal disait à son desservant actuel :

« S'il nous était permis, dans cette circonstance, de donner un conseil amical à M. le curé, nous lui dirions très-respectueusement, sans amertume dans le cœur, et en tirant un voile sur le passé pour ne nous occuper que du présent et de l'avenir :

» Monsieur le curé, à l'occasion d'un projet que vous vouliez quand même faire aboutir, avec des intentions droites sans doute, vous avez fait tout ce qu'il était possible de faire pour jeter le trouble et la division dans la commune.

» En agissant ainsi, vous avez agrandi le vide déjà formé autour de vous, au point que vous n'avez plus la sympathie de l'*immense majorité* des habitants. Vous ne pouvez plus y faire le bien. Si vous aimez vos ouailles, comme nous aimons à le croire, vous consentirez à les remettre sous la direction d'un nouveau pasteur, en demandant un changement qui vous permettra de consacrer au service d'une autre paroisse votre zèle que nous nous plaisons à reconnaître, et nos souhaits de bonheur, souhaits bien sincères, vous accompagneront dans le nouveau poste qui vous sera confié. »

Sur douze conseillers municipaux, dix ont signé cette délibération; un était à son lit de mort, le douzième seul a fait des observations au paragraphe concernant M. le curé.

Vous voyez, chers bons voisins, que les gens de chez nous ne s'entendent pas trop mal à sucrer une pilule; peut-être même la sucrent-ils au point d'en détruire toute l'amertume.

Soit cette raison, soit que la pilule du 24 mars s'adressât à un palais blasé, elle ne produisit point l'effet qu'on en désirait. Le pasteur antipathique est toujours là, s'obstinant dans son zèle taquin à vouloir au péril de son âme sauver des gens qui demandent à être sauvés par un autre.

— Mais, disais-je dernièrement à mes coparoissiens, pourquoi ne vous plaignez-vous pas à Besançon? Pourquoi, l'an passé, n'avez-vous pas glissé une pétition dans la calèche du Métropolitain, lorsque Sa Surveillance en tournée nous a fait l'honneur de descendre à la cure?

— C'est qu'on dit que l'archevêque ne donne jamais raison à la commune contre le presbytère.

— Jamais, c'est une calomnie! Je sais pertinemment que le fougueux Diocésain qui endoctrine et administre si ultramontainement nos paroisses franc-comtoises; qui prêche si exemplairement à ses prêtres et aux fidèles qu'il vaut mieux pour eux obéir aux encycliques du Roi actuel de Rome qu'aux lois de leur pays, n'est pas toujours d'humeur partiale et tracassière; écoutez plutôt :

Il y a dans le canton de St-L... une paroisse dont le doux pasteur était sans cesse en *bisbille* avec ses moutons. Il frappait les enfants jusqu'à nécessiter les secours du médecin; exemptait de la taxe par de pieuses contre-vérités ses chiens de luxe qui se *déclaraient* eux-mêmes en s'accrochant aux mollets de l'autorité; dénonçait sournoisement le maire de X..., son seul appui dans la commune; appelait la gendarmerie pour l'aider à louer les bancs de l'église aux ouailles qui s'en abstenaient; enfin, il remplissait à n'en plus finir la préfecture et l'archevêché de ses doléances contre un troupeau récalcitrant et, parfois, avec des *exagérations* capables d'en imposer à l'Ordinaire et au Préfet.

A la suite d'une de ces doléances, la commune de X..., fut privée pendant plusieurs mois des messes payées et des tapes gratuites du desservant en question. Cependant l'archevêque mieux informé, ordonna une enquête qui lui démontra que sa religion avait été surprise. Alors, pour dédommager les gens de X..., il leur envoya l'un des plus dignes prêtres du diocèse, et pour punir le desservant exagérateur, il lui infligea, dans le canton de Vesoul, une paroisse de bien moindre importance que celle qu'il délivrait enfin de son zèle.

Dans ce même canton de St-L..., le curé de Z..., qui traitait d'ânes les conseillers municipaux et mettait de même l'archevêque contre la commune, par ses rapports *exagérés*, fut également remplacé.

Vous voyez donc bien que l'archevêque ne soutient pas toujours, et quand même, M. le curé contre M. le maire

Cependant, chers bons voisins, je vous avouerai que ces actes de justice, que je signalais l'autre jour aux Frotéens pour les engager à pétitionner, sont loin de me satisfaire. Car enfin si ce déplacement de curé était pour la paroisse de X..., une compensation à laquelle elle avait droit, c'était en même temps pour celle de Y..., une punition qu'elle ne méritait pas. Un desservant ne change point de caractère comme d'église. La disgrâce du premier dont je parle, bien loin de l'avoir corrigé, n'a fait qu'accroître la fougue de son zèle contagieux pour plusieurs de ses confrères.

Que les gens de Frotey prennent donc leur desservant en patience. On ne doit pas secouer sa souffrance sur les autres; et puis qui nous répond que nous ne tomberions pas de mal en pis? D'ailleurs il est un facile et prompt moyen de nous sauver du salut qu'on nous impose : prenons Jésus lui-même pour pasteur; lisons l'Evangile au coin du feu, et laissons M. le curé attraper seul dans notre humide église les rhumatismes et les *churmoises* (rhumes de cerveau) qu'y versent les hauts peupliers, rebelles à la loi.

Si j'étais archevêque je renfermerais dans un couvent ces pasteurs téméraires, qui trop souvent, sans autre science que le charabia latin dans lequel ils chantent leurs *oremus* ; dans lequel ils apprennent une théologie mesquine, puérile et la lettre d'un évangile dont ils ne comprennent point l'esprit ; sans autre vertu qu'une dévotion extérieure qui s'exhale en penchements de tête, en grimaces et en oraisons jaculatoires ; sans autre vocation qu'un goût idolâtrique et superstitieux pour les médailles, le scapulaire, le chapelet... et un zèle aveugle, intolérant, d'autant plus funeste qu'il est mieux intentionné, ne craignent point de s'exposer à perdre leurs âmes et celles des autres.

Ou plutôt, si j'étais archevêque, je croirais de mon devoir et de mon salut de ne confier la direction d'une paroisse qu'à des hommes intelligents, instruits, religieux, polis, doués de générosité, d'un esprit conciliant, et qui, docteurs en charité, sinon docteurs ès sciences, posséderaient au moins les premiers éléments des connaissances humaines.

Il faudrait voir qu'un de mes desservants s'avisât, comme certain que j'ai connu, de tutoyer ses paroissiens, de les injurier à tout propos, de leur faire payer trente sous la *simple annonce* d'une prière, ou le service d'une lettre écrite ; de demander : *qui me payera?* avant de procéder à l'enterrement d'une pauvre femme ; s'avisât de diffamer les filles à la sainte table, en leur refusant publiquement la communion ; de priver d'absolution les mères de famille qui veillent sur leurs petits enfants au lieu d'aller à la messe. Il faudrait voir qu'un pasteur réglant lui-même la toilette de ses paroissiennes, se permît de rayer impitoyablement de la conférence d'honnêtes filles qui n'ont fait d'autre mal que de porter un caraco au lieu d'un châle ; de frapper les enfants à coups de clef sur la tête au catéchisme ; et poussât l'ignorance de toute notion médicale au point de traiter par l'absolution un coup de serpe au genou, au lieu d'arrêter le sang par la compression de l'artère en attendant le médecin. Il faudrait voir surtout que j'apprisse qu'un imprudent confesseur, avec de bonnes intentions stupides, initie l'innocence aux infamies du cahier noir, par des questions à faire rougir un vieux hussard. J'interdirais pour la vie pareil desservant.

II

Comme je sais pertinemment, chers bons voisins, que nos ennemis, afin de vous empêcher de venir au concours vicinal du 20 août prochain, ont pour mot d'ordre de semer parmi vous le bruit qu'il n'aura pas lieu, parce que les gens de Frotey se sont retirés de l'Œuvre, il faut bien que je vous apporte preuve sur preuve du contraire.

Je commence par le remercîment du Conseil municipal à Mlle Fohr pour le grand tableau le *Miracle des Roses* dont, sur ma demande, elle a bien voulu doter la commune de Frotey, et que M. le curé a refusé de recevoir à l'église.

Extrait du registre des délibérations du conseil municipal de Frotey-lez-Vesoul, le 9 novembre 1864 :

« Le conseil municipal voulant témoigner à Mlle Fohr toute sa reconnaissance pour le beau tableau qu'elle a bien voulu offrir à l'église de Frotey, vote à l'unanimité les remercîments les plus sincères à Mlle Fohr et prie M. le maire de vouloir bien lui adresser une copie de cette délibération.

Ont signé au registre : MM. Gousserey, Lordière Claude (fils Joseph) ; Lordière Claude (fils François) ; Drouhin Jean (jeune) ; Guiard Stanislas ; Nageotte Jean-Baptiste ; Joignot Charles, Vernerey François, maire.

» *Pour copie conforme,* le maire : VERNEREY. »

« Frotey-lez-Vesoul, le 30 décembre 1864.

» *Les petites filles de l'école de Frotey à M. Auguste Guyard.*

» Monsieur Guyard,

» D'une année à l'autre, d'un jour même à l'autre, notre reconnaissance pour vous et notre dévouement s'accroissent.

» Nous comprenons de mieux en mieux le bien que vous nous avez déjà fait, et celui que vous voulez nous faire encore.

» Veuillez agréer, Monsieur Guyard, nos sentiments de gratitude et les souhaits de bonne année que nous formons pour vous. Si Dieu exauce nos vœux, vous vivrez longtemps, vous jouirez d'une santé parfaite qui vous permettra de conduire à bonne fin l'œuvre de régénération que vous avez entreprise à Frotey.

» Nous sommes avec un profond respect, Monsieur Guyard, vos très-humbles servantes :

» Marie Colombier, Marie Vernerey, Julie Guyot, Constance Rolland, Elisa Vagnet, Eugénie Lallemand, Clotilde Vernerey, Delphine Levret, Jeannette Gousserey, Jeanne-Claude Vagnet, Maria Duchartre, Clémentine Vagnet, Maria Ducret, Joséphine Drech, Marie Laurency, Marie Richard, Adélaïde Lallemand, Albine Creuchet. »

« Frotey-lez-Vesoul, le 31 décembre 1854.

» *Les petits garçons de l'école de Frotey à M. Guyard.*

» Monsieur Guyard,

» Vous êtes malade et vous nous annoncez des étrennes ; nous n'avons donc aucun mérite en vous exprimant nos souhaits de bonne année, et vous croirez peut-être que ces souhaits sont intéressés. Mais soyez persuadé qu'il n'en est rien. Nous ne pourrions vous oublier en cette circonstance sans être coupables du plus odieux de tous les vices : l'ingratitude.

» Daignez donc accueillir comme très-sincères les vœux que nous formons pour votre bonheur et celui de votre famille.

» Que Dieu vous accorde une prompte guérison, et de longues années d'une vie heureuse ; qu'il bénisse toutes vos entreprises, et que celui qui ne laisse pas un verre d'eau sans récompense vous accorde une couronne de gloire immortelle pour les bienfaits dont vous nous comblez !

» Nous formons aussi les vœux les plus ardents pour vos amis qui veulent bien s'intéresser à nous : les noms de messieurs Suleyman Khan, Dessirier, Bourguin, Delbruck, Grosselin, Greff, J.-P. Véran, etc., ne s'effaceront jamais de notre mémoire, etc.

» Daignez agréer, Monsieur Guyard, l'hommage de notre profonde reconnaissance et de notre respectueux dévouement :

» Rolland Constant, Cabacet Charles, Lahoupe Jean-Baptiste, Gruyer Jean-Baptiste, Duchartre Louis, Dubret Ernest, Lamboley Auguste, Lahoupe Constant, Gousserey Fortunat, Guillemin Joseph, Lallemand Joseph, Laurency François, Lamboley Jules, Gousserey Jean, Ducret François, Richard Francis, Lepaul Octave, Tuaillon Auguste, Cabasset Joseph, Daval Claude, Creuchet Léon, Paul Guiard, Hon Maurice. »

Au mois de février dernier, les habitants de Frotey s'associaient plus intimément encore à l'Œuvre, en donnant les premiers leur signature en blanc à l'appel que voici, fait aux huit communes de Frotey, Quincey, Colombe, Dampvalley, Moncey, Comberjon, Coulvon et Navenne :

« Honorés et chers concitoyens.

» Qu'est-ce qu'une Société de secours mutuels?

» C'est une assurance fraternelle contre la maladie et ses conséquences funestes. C'est l'aumône précaire qui humilie et dégrade, remplacée par la charité organisée permanente qui honore et moralise; car cette charité a pour base le travail, la prévoyance, l'économie, et des droits et des devoirs réciproques librement consentis.

» Une Société de secours mutuels comprend : 1° des membres participants ayant part aux charges comme aux avantages de la Société, et 2° des membres honoraires qui veulent bien n'en accepter que les charges.

» Les Sociétés de secours mutuels sont assurément le moyen transitoire le plus facile et le plus prompt de détruire la misère, de diminuer la pauvreté ou d'ajouter à l'aisance des travailleurs; de donner la sécurité aux riches; de mêler fraternellement les classes et par conséquent de prévenir les révolutions. Aussi le gouvernement paternel de l'Empereur accorde-t-il un secours annuel de mille francs à toute Société de secours mutuels arrivée au chiffre de 500 membres.

» Il sera facile aux huit communes du *concours vicinal* de fonder une telle Société, si, rien qu'à Frotey, nous avons pu déjà réunir près de cent signatures.

» Charges et avantages de la Société.

» Contre la seule charge pécuniaire de 3 fr. 65 c. par an (un centime par jour) notre Société assure d'abord à ses membres participants :

» 1° Aux malades, une indemnité en argent pour chaque jour d'incapacité de travail;

» 2° La gratuité du médecin et des médicaments;

» 3° Les visites fraternelles des délégués de la Société.

» En cas de terminaison funeste, l'enterrement, auquel sont tenus d'assister, autant que possible, tous les membres, est aussi à la charge de la Société.

» La Société assure encore à ses membres participants :

» 1° La gratuité des conseils d'avoué et d'avocat;

» 2° Le patronage de membres honoraires haut placés.

» A ces premiers avantages certains, la Société s'efforcera d'ajouter successivement :

» L'assistance réciproque dans les travaux en souffrance pendant la maladie ; des gardes-malades formées à l'hôpital de Vesoul ; des prêts de petites sommes sur l'honneur et sans intérêts ; une réduction de prix de la part des fournisseurs de la Société ; une pension, proportionnelle à ses ressources, aux vieillards et aux invalides nécessiteux du travail.

» Les membres participants auront la facilité d'acquitter leur cotisation en plusieurs fois, soit entre les mains du maire de la commune, soit au siége de la Société, qui sera fixé à Vesoul.

» Les revenus annuels de notre Société comprenant 500 participants seront, y compris les mille francs du gouvernement, de 3,000 fr. environ, sans compter les cotisations des membres honoraires (10 fr. au lieu de 3 fr. 65 c.), non plus que les dons et legs qu'on pourra nous faire.

» Une liste, avec cet appel en tête, est déposée dans chaque mairie pour recevoir les noms des adhérents.

» Ces signatures n'obligeront que du jour où les signataires auront été convoqués à Vesoul, en assemblée générale, pour voter nos statuts, élire notre conseil d'administration, et constituer ainsi notre Société dont le Président sera nommé par l'Empereur.

» Nous espérons, chers concitoyens, que vous répondrez tous à notre appel : *riches*, afin d'encourager l'une des œuvres sociales les plus utiles de notre temps ; *aisés*, afin de conserver votre aisance qu'une maladie peut compromettre ; et vous, *pauvres*, surtout, parce que chacun de vous approuvera le raisonnement que voici :

» Si vous êtes malades, une faible somme de 3 fr. 65 c. vous assure des avantages que vous ne vous pardonneriez jamais d'avoir négligés ; et si vous vous portez bien, vous n'aurez pas payé trop cher le bonheur de la santé et celui d'avoir soulagé des frères moins heureux que vous. 3 fr. 65 c. : ce n'est pas le prix d'une livre de tabac, ou de 3 mètres de rubans dont le sacrifice vous est si facile à faire chaque année!

» *Vernerey*, maire de Frotey; *Bonnamy*, instituteur;

» *Auguste Guyard*, fondateur de l'Œuvre. »

Le 1er mars dernier, deux heures avant mon départ pour Paris, les garçons de Frotey soussignés, fondaient avec M. Vernerey, avec mon père, mon frère et moi, une *société des jeux, divertissements et fêtes*, dont voici le but, les moyens et les bases rédigés séance tenante :

« La présente société a pour but d'empêcher la jeunesse de Frotey d'aller les dimanches et fêtes demander à la ville des distractions en dehors de la surveillance des familles, en leur procurant toutes les récréations honnêtes possibles, sous les yeux de tous, dans la commune.

» A cet effet, la présente société s'engage à conserver ou à rétablir, en les améliorant et les moralisant, les jeux, divertissements et fêtes en usage à Frotey, depuis un temps immémorial, et à créer d'autres jeux et divertissements capables de développer les forces, l'adresse, etc., des jeunes gens.

» Tout sociétaire devra être âgé de 18 ans au moins, admis à la majorité absolue des voix et payer une cotisation de dix centimes par semaine.

» Tout sociétaire s'oblige, sous peine d'exclusion, à ne jamais paraître publiquement en état d'ivresse; à s'abstenir en public de propos, de chants ou d'actions déshonnêtes, de blasphèmes, de querelles et rixes, en un mot de tout scandale public.

» Tout membre s'oblige également, sur l'honneur, d'empêcher les querelles et rixes qui attristent trop souvent les noces et les fêtes.

» Les présentes dispositions sont provisoires en attendant le règlement définitif de la société.

» Ont approuvé et signé après lecture, MM. *Vernerey*, maire, *Guyard* père, *Guyard* fils, *Guyard Auguste*, *J. Colombier* (liséen), *Aug. Vagnet* (liséen), *Lallemand Louis*, *Dubret Joseph*, *J.-B. Colombier.* »

Les premiers divertissements honnêtes que nous établirons au prochain mois d'août, sont le *Jeu du mouton* dans les prés et les *Chevannes* au sommet de la Roche. Nous avons en caisse de quoi acheter nos premières boules, notre premier mouton et notre premier cent de fagots. Je vous invite, chers bons voisins, à venir faire rampeau à nos *volées* vigoureuses; à *repiquer* le mouton au clair de la première étoile et des chandelles plantées sur les quilles dans leurs trous profonds. Je vous invite à venir avec nous fermer la fête à minuit sur la colline en dansant autour de nos feux de joie, sur nos tapis de serpolets, des rondes fraternelles et religieuses comme celles des planètes autour du soleil.

Dans la pensée de cette fondation, j'avais déjà recueilli, quelques jours auparavant, une douzaine de vieux airs du pays, pour y faire adapter d'autres paroles plus morales, plus instructives ou plus spirituelles. Mme Gatey qui porte aussi *jeunement* que mon père le poids des années, et à laquelle sa gaieté promet aussi la *centaine*, m'a ouvert avec la plus grande obligeance son riche répertoire. Elle est venue à Vesoul chanter à un musicien éminent un grand nombre d'airs primitifs, parmi lesquels nous en avons choisi neuf ou dix. Ces vieux airs sont en ce moment entre les mains d'un poëte inconnu encore aujourd'hui, mais qu'on appellera demain le nouveau Béranger, quand il aura publié les deux volumes de chansons inédites qu'il a en portefeuille, et qu'il n'a jusqu'ici chantées qu'à ses amis. Voici un échantillon de sa manière; c'est la première imprimée de ses chansons que M. Pottier a bien voulu dédier aux gens de Frotey.

Un utopiste en 1801.

Air : *Plaignez-moi, voici qu'on m'enterre* (Béranger).

Aux gens de Frotey.

A Versaille, un cerveau brûlé,
En coucou près de moi se place,
Et me dit, à peine installé :
« Monsieur, des destins j'ai la clé!
» Le monde va changer de face!
» Laissant la routine en coucou,
» Déployons notre aile invisible ! »
Or, que répondre à pareil fou ?
— « C'est très-beau (*bis*), mais c'est impossible!

— » Paris, dit-il, sera dans peu
» A vingt minutes de Versailles;
» Nos chevaux mangeront du feu;
» Ce mont gênera, mais, morbleu!
» Nous lui percerons les entrailles!
» La flèche qui nous devançait,
» N'atteindra qu'après nous la cible.
— » Monsieur, j'ai lu Petit-Poucet,
» C'est très-beau (*bis*), mais c'est impossible.

— » On prépare un gaz merveilleux,
» Eteignez-moi vos réverbères!
» La ville en aura mal aux yeux;
» Toutes les étoiles des cieux
» Vont lui servir de luminaires;
» Partout leur éclat resplendit,
» La nuit n'est plus compréhensible.
— » Des étoiles en plein midi!
» C'est très-beau (*bis*), mais c'est impossible!

— » Au lieu d'ouvriers indigents,
» Dans nos fabriques, des génies
» Vont créer de souples agents
» Plus forts et plus intelligents
» Que les nègres des colonies.
» L'eau bouillante étant leur moteur.
» On les nourrit de combustible.
— » Comment! des nègres à vapeur?
» C'est très-beau (*bis*), mais c'est impossible

— » L'éclair deviendra notre voix,
» Et, ne haussez pas les épaules,
» Prêtant l'oreille en mille endroits,
» Nous allons entendre à la fois
» Parler l'équateur et les pôles;
» La foudre, à qui veut l'en charger,
» Porte une dépêche lisible!
— » Diantre! quel pigeon messager!
» C'est très-beau (*bis*), mais c'est impossible!

— » Pour qui prenez-vous le soleil?
» Pour un vieux poêle à votre usage;
» Mais on lui cherche un appareil.
» Et cet artiste sans pareil
» Sera peintre de paysage!
» Il gravera monts et forêts
» Jusqu'au détail imperceptible!
— » Fera-t-il aussi les portraits?
» C'est très-beau (*bis*), mais c'est impossible

— » Ah! frère, si tu pouvais voir
» Quel torrent d'amour s'amoncelle!
» Les peuples unis vont avoir
» La terre enfin pour réservoir
» De jouissance universelle!... »

Pauvre fou! j'ai serré sa main,
Déplorant mon doute invincible.
Ah! le bonheur du genre humain,
C'est très-beau (*bis*), mais c'est impossible!

E. Pottier.

Un autre poëte, M. Humbert, le spirituel chansonnier vésulien qui a défendu si sympathiquement, l'an passé, la *Commune-Modèle*, par sa chansonnette *La fête de Frotey*, qui se vend au profit de l'Œuvre, a bien voulu ajouter deux ou trois vieux airs à ceux de Mme Gatey, parmi lesquels l'air de cette chanson, en patois des environs de Vesoul. M. Humbert me permettra d'accommoder ses vers à mon orthographe et à la prononciation de mon village.

Départ des conscrits de la Haute-Saône.

Air : *Les voyez-vous de rangs en rangs.*

Soudas, tretous unis de cœur,
I pailians servi l'Empereur.
Aidue las champs! aidue tenres mâtresses!
I rverrans dans sept ans vos teni nos proumesses.

Soldats, tous unis de cœur, nous partons servir l'Empereur. Adieu les champs! adieu tendres amies! nous reviendrons dans sept ans vous tenir nos promesses.

Lou hasa, que nun ne quegnio
Nos aipelie pai numéro.
S'i vans binn loin el faurai nos écrire.
Nos, quand i serans gries, i vos lou sairans dire.

Le hasard que personne ne connaît nous appelle par numéro. Si nous allons bien loin, il faudra nous écrire. Nous, quand nous serons tristes, nous vous le saurons dire.

Quement de rudes bouvessons,
Das veills âcoulant las leçons,
Das bons sujets i rempliraus lou rôle,
Inn jou, pou deveni d'autres mâtres d'âcôle.

Comme de vigoureux bouvillons, des vieux écoutant les leçons, des bons sujets nous remplirons le rôle, pour devenir un jour d'autres maîtres d'école.

Quand i serans au régiment,
Chaissans tout mâchant sentiment!
Sotenans nos pou que nun ne tratelle
Ai l'entou dou drépé si guerre nos aipelle!

Quand nous serons au régiment, chassons tout mauvais sentiment! Soutenons-nous pour que personne ne chancelle autour du drapeau, si la guerre nous appelle!

Pou se fare ïeux bons aimis,
As chefs el faut être soumis;
C'ost lou devoi; c'ost notre catécime:
De rveni sans congie el faut se fare iun crime.

Pour se faire leurs bons amis, aux chefs il faut être soumis; c'est le devoir; c'est notre catéchisme. De revenir sans congé il faut se faire un crime.

Ai l'exercice lou sergent,
Vai nos montra ai far *pan, pan*.
Et, si jaimas l'ennemi nos menaice,
Conscrits, i l'aipenrans ai s'échti dans sai plaice.

A l'exercice le sergent va nous montrer à tirer. Et si jamais l'ennemi nous menace, conscrits, nous lui apprendrons à s'asseoir à sa place.

Mais lou veill ougel dou bos q'dit:
« Quement qu'el airai fa, fas-li, »
Nos dit pai lai: « Braves, c'ost lai justice,
Quand l'ennemi se rend, d'oublia sai mailice. »

Mais le vieil oiseau du bois qui dit : « Comme il aura fait, fais-lui. » Nous dit par là : « Braves, c'est la justice, quand l'ennemi se rend, d'oublier sa malice. »

Pères, seuseus, frérinns, manmans,
Parrains, cousinns, i nos en vans;
Ne criaz pas, i paitians pou lai gloire!
Aidue! ai vos santas i veuderans ai boire !

Pères, petites sœurs, frères, mères, parrains, cousins, nous nous en allons; ne pleurez pas, nous partons pour la gloire. Adieu ! à vos santés nous viderons à boire ! L. HUMBERT.

L'air de cette chanson est d'une simplicité charmante; c'est une sorte de marche mélancolique. Mon fils Stanislas, élève de M. Dessirier, en a fait un chœur pour les garçons de Frotey.

Enfin, chers bons voisins, je puis vous donner deux autres adhésions toutes fraîches des gens de chez nous à l'*Œuvre de Frotey*. Lisez cette lettre d'abord, et recommandez aux enfants de vos écoles d'en écrire de pareilles.

« Frotey-lez-Vesoul, le 27 avril 1865.

» Monsieur Guyard,

» Dans les fréquentes visites que vous avez bien voulu nous faire, vous nous avez souvent parlé de la *Société du Prince Impérial*, œuvre éminemment chrétienne, dont le but est de procurer aux ouvriers laborieux et honnêtes les sommes nécessaires pour acheter des outils, des instruments agricoles, des matières premières, ou de les assister lorsqu'ils sont aux prises avec des besoins accidentels ou temporaires.

» Cette œuvre doit nous être sympathique à tous les titres : par son auguste origine, puisqu'elle est due à l'initiative de l'Impératrice; par le haut patronage sous lequel elle est placée, puisqu'elle a reçu le nom de *Société du Prince Impérial*;

enfin par ses inappréciables résultats, puisqu'elle a pour but d'alléger des situations difficiles et d'encourager à l'ordre, au travail et à l'économie.

» Nous désirons donc vivement faire partie de cette Société, comme membres fondateurs en nom collectif; nous pourrions prendre sur notre paye mensuelle pour faire la cotisation.

» Quant à la somme de cent francs qu'il faut verser d'abord, vous êtes si bon que vous ne refuserez pas de nous venir en aide pour la réunir.

» Dans le cas où vous approuveriez notre projet, nous vous prions, Monsieur, de vouloir bien faire parvenir notre demande au Comité chargé de la recevoir.

» Veuillez agréer, Monsieur, l'hommage de notre profond respect et de notre éternelle reconnaissance.

» Les élèves des deux écoles de Frotey-lez-Vesoul :

» Clotilde Vernerey, Marie Colombier, Constance Rolland, Elisa Vagnet, Eugénie Lallemand, Marie Vernerey, Delphine Levret, Jeanne-Claude Vagnet, Maria Duchartre, Clémentine Vagnet, Eugénie Nageotte, Joséphine Drech, Eugénie Richard, Adélaïde Lallemand, Eugénie Creuchet, Victorine Rolland, Albine Creuchet, Eugénie Mougenot.

» Ducret François, Octave Lepaul, Rolland Constant, Lamboley Auguste, Laurency François, Ilon Maurice, Gousserey Fortunat, Richard François, Lamboley Jules, Tuaillon Auguste, Creuchet Léon, L'allemand Joseph, Venant Nicolas.

» Le maire et l'instituteur de Frotey soussignés approuvent la demande ci-dessus faite par les élèves de l'école de cette commune. Signé : *Vernerey*, *Bonnamy*. »

Pleine satisfaction vient d'être accordée à ce noble et généreux désir des enfants de Frotey Un diplôme en nom collectif leur a été accordé par le Secrétariat du Conseil supérieur, et nos deux humbles écoles de village ont l'insigne honneur d'être, avec l'Impératrice régente, fondatrices de la *Société du Prince Impérial.*

M. et Mme Isoard, qui ont laissé dans la Haute-Saône de si vifs regrets, de si excellents souvenirs, avaient fait les plus grands efforts pour y propager la société du Prince impérial. M. Isoard envoyait aux sous-préfets et aux maires circulaires sur circulaires ; Mme Isoard, cette femme d'élite qui avait elle-même à un si haut degré l'esprit d'initiative et le zèle intelligent qui distinguent M. le préfet actuel de l'Aveyron, Mme Isoard secondait de tout son pouvoir les efforts de son mari. Malheureusement leurs efforts n'ont pas eu dans notre département tout le succès qu'ils méritaient. La Société du Prince Impérial y a jusqu'ici peu réussi. Espérons que notre nouveau préfet, M. Dubois de Jancigny, qu'on dit homme d'activité et d'esprit libéral, reprendra la généreuse propagande de M. et Mme Isoard et fera prospérer dans la Haute-Saône l'Œuvre Impériale du *Prêt de l'Enfance au Travail.*

Lisez attentivement cette seconde lettre, chers bons voisins, et retenez bien que je suis gratuitement à la disposition des illettrés des huit communes. Je les recevrai avec bonheur aux leçons que je ferai dorénavant pendant mes trop courts séjours à Frotey.

« Frotey-lez-Vesoul, ce 1er mai 1865.

» Monsieur Guyard,

» Nous vous sommes bien reconnaissantes d'avoir bien voulu nous enseigner en trois jours la lecture, l'écriture, l'orthographe de l'oreille, les caractères de l'arithmétique, et la numération jusqu'à un million... Il nous est facile maintenant de continuer à nous instruire seules entre nous... ; malheureusement, les travaux de la campagne, si pressants, nous en empêchent en ce moment ; mais nous nous y remettrons l'hiver prochain.

» Nous prions le bon Dieu de vous garder en bonne santé et de bénir toutes vos œuvres.

» *Julie Gousserey; Marguerite Richard; Jeanne Pouthier, veuve Dubret; Eugénie Creuchet; Virginie Courtoisier; Marie Vernerey; Jeanne Quinez; Élise Didier.* »

Il va sans dire que l'orthographe de cette lettre est mienne, puisque mes élèves ne savent encore que celle de l'oreille. On comprend aussi que je n'enseigne pas en trois jours une lecture et une écriture courantes. La rapidité est une affaire de temps. Mais on sait lire, écrire et cette initiation suffit pour que les élèves puissent continuer sans maître.

III

Voyez maintenant, chers voisins, si les gens de Frotey désertent l'œuvre civilisatrice qu'ils ont accueillie, il y a deux ans, avec tant de courageuse spontanéité !

Et non-seulement les gens de Frotey persévèrent plus que jamais dans leur dévouement à l'Œuvre, mais déjà les communes du concours vicinal commencent à la comprendre et à s'y associer ; quelques-unes, même, avec enthousiasme. Vous en serez convaincus par les deux pièces suivantes :

Extrait d'une délibération du Conseil municipal de la commune de Navenne (Haute-Saône), 12 février 1865, relativement à l'Œuvre de Frotey-lez-Vesoul.

... « M. Enoch, maire de Navenne, président, expose que M. Auguste Guyard, de Frotey, poursuivant son œuvre d'émancipation et de civilisation des campagnes, a offert à la commune de Navenne 50 volumes, ses *Lettres aux gens de Frotey* et un abonnement à un journal quotidien ; que, pour se conformer au désir du donateur, il y avait lieu de mettre ce journal et ces livres à la disposition des habitants.

» Sur quoi, considérant que le but que s'est proposé M. Guyard par l'œuvre qu'il a entreprise à Frotey, doit obtenir les sympathies de tous les hommes de bien ; que la commune de Navenne, qu'il associe à cette œuvre dans son cœur comme dans son esprit, doit plus spécialement faire des vœux pour la continuation de ses succès, et lui offrir ses félicitations.

» Considérant en effet que dans bien peu de temps, il a été assez heureux pour doter Frotey, sa commune natale, de beaucoup de choses utiles telles que 1° l'enseignement gratuit ; 2° des cours d'adultes et de musique vocale ; 3° une bibliothèque ; 4° des distributions de prix, etc., etc. ; que, pour arriver à l'émanciper par l'instruction, il n'est arrêté par aucun obstacle ;

» Considérant que le don fait par M. A. Guyard à la commune de Navenne doit être accepté avec reconnaissance, et que, pour répondre à une offre aussi bienveillante et utiliser son objet selon les vues du donateur, il y a lieu de destiner une des salles de la mairie et de la convertir en salon de lecture le dimanche de chaque semaine ;

» Le Conseil municipal de la commune de Navenne délibère :

» Le don fait par M. A. Guyard à la commune de Navenne de 50 volumes, de deux exemplaires de ses *Lettres aux gens de Frotey* et d'un abonnement à un journal quotidien est accepté avec reconnaissance.

» A partir de ce jour, la petite salle de la mairie sera convertie chaque dimanche, de midi à sept heures, en un salon de lecture où se trouveront à la disposition des habitants, les journaux de la semaine et les livres faisant l'objet de ce don.

» Voulant témoigner à M. A. Guyard ses chaleureuses sympathies pour son œuvre si philanthropique, le conseil charge son président de lui offrir avec ses remercîments ses félicitations à raison des succès qu'il a obtenus et qui ont commencé à récompenser ses généreux efforts.

» Ainsi délibéré, et ont, les membres présents, signé après lecture : Signé : *Henry René*, *Henry Philippe*, *Henry Alexis Pizard*, *Bourdon*, *Renard*, *Cornu* et *Enoch*, maire. »

« Montcey, 24 avril 1865.

» Monsieur Guyard,

» Je serais enchanté de pouvoir vous envoyer une adhésion aussi chaleureuse que celle du conseil municipal de Navenne, relativement à l'œuvre de Frotey et à celle de l'émancipation et de la civilisation des campagnes.

» Poursuivant avec un zèle infatigable votre œuvre toute philanthropique, vous avez voulu doter déjà la commune de Montcey de 35 volumes classiques et littéraires, de deux exemplaires des lettres aux gens de Frotey, d'un abonnement à un journal quotidien et d'un autre abonnement à la *Fraternité*, journal des sociétés de secours mutuels et de la Société du Prince Impérial.

» J'aurais été heureux si le conseil municipal de Montcey eût pu se réunir à son président pour vous adresser des remercîments et des félicitations.

» Malgré mes instances, je me vois obligé jusqu'à ce jour, Monsieur, de venir seul vous prier de recevoir, pour tant de bienfaits, mes profonds sentiments de gratitude et vous assurer encore que j'adhère entièrement à l'Œuvre de Frotey, à la société de secours mutuels, ainsi qu'au concours vicinal, et que je fais les vœux les plus ardents pour la prospérité de vos travaux et de vos efforts si utiles, persévérants et généreux. Agréez, etc., Le maire de Montcey, Millot. »

Je viens d'envoyer aux communes de Navenne et de Moncey, cent trente nouveaux volumes à partager entre elles dont cinquante volumes pour prix aux écoles.

Voilà, chers voisins, deux maires et un conseil municipal comme il en faudrait dans les huit communes du concours. C'est alors que notre œuvre marcherait ! Mais patience, cela viendra. Il est impossible que l'exemple des maires modèles de Navenne, de Montcey et de Frotey, que l'exemple des conseils municipaux de la première et de la dernière de ces trois communes ne soit pas bientôt suivi, car le zèle du bien doit produire des émules. Déjà dans les deux communes dont MM. les maires n'ont pas cru devoir me prêter leur appui, leurs adjoints veulent bien recevoir et faire lire les journaux que j'envoie. Un seul homme de bonne volonté dans chaque commune du concours me suffit.

Vous ne vous doutez peut-être pas, chers voisins, de ce que peut faire, en une seule année, dans une commune un maire de bonne volonté et d'énergie comme, par exemple, le maire de Navenne.

Le maire de Navenne est M. Enoch, avoué à Vesoul, savant horticulteur et directeur du jardin de la Société d'agriculture de la Haute-Saône. Or, sous l'active administration de ce digne maire, le conseil municipal de Navenne, dans le cours d'une seule année, n'a pas pris moins de cent onze délibérations et arrêtés qui peuvent se résumer dans les actes suivants :

1° Création de plusieurs rues et place publique ;

2° Elargissements et rectification de deux autres rues ;

3° Suppression de l'ancien cimetière, très-restreint, établi dans de mauvaises conditions, et construction d'un nouveau lieu de sépulture parfaitement situé ;

4° Acquisition du château de Navenne pour l'établissement de la mairie et des écoles ;

5° Cours d'arboriculture et création d'une pépinière communale ;

6° Annexion *par arrêté* d'un terrain communal au jardin

du presbytère pour assainir l'édifice malgré l'opposition de tout le conseil ;

7° Acquisition de deux cloches ;

8° Mise en congé d'un instituteur incapable et son remplacement par un élève-maître de l'école normale de Vesoul ;

9° Pour subvenir aux dépenses, vente de 60 ares de terrain situé près de la gare de Vesoul, pour une somme importante (18,500 fr.). Cette vente a été faite en établissant près des terrains vendus des rues de quinze mètres de large et qui permettront dans un avenir prochain l'établissement d'un faubourg et peut-être d'une ville nouvelle ;

10° Enfin la délibération du 12 février, si honorable pour Navenne et pour Frotey, par laquelle le conseil municipal s'associe à notre œuvre d'une manière si sympathique et si complète.

En ce moment, M. Enoch fait établir des trottoirs dans la partie haute du village, et dans deux ans toute la grande rue sera rectifiée, élargie et bordée de trottoirs : les autres viendront après.

Toutes ces choses et beaucoup d'autres ne se sont pas faites, vous devez bien le penser, sans une vive opposition, puisqu'il a fallu recourir à la force publique rien que pour faire enlever un fumier placé au milieu du village, qui offensait les yeux, le nez et qui, les jours de pluie, salissait de son purin perdu pour le propriétaire de ce fumier et pour l'agriculture, toute la partie basse du village.

« Le bien, dit le vénérable président du tribunal civil de Niort, M. Henry Giraud, le bien n'est pas toujours facile à faire... il faut que l'homme de bien s'arme comme pour un combat..., ceux-là mêmes qui doivent profiter de ses efforts lui font quelquefois obstacle.... Quand un homme se lève résolûment pour faire le bien de tous, n'y a-t-il pas autour de lui, s'agitant dans l'ombre, les envieux et les méchants qui sifflent et qui lui jettent leur venin? »

IV.

Notre œuvre rencontre aussi dans les villes voisines de chaleureuses sympathies. En compensation des lettres anonymes pleines d'injures, timbrées de Vesoul, j'en reçois d'autres portant le même timbre, ou celui de Lure, de Gray, de Montbéliard, où sont signés des encouragements tels que celui-ci :

» Je viens de dévorer vos lettres aux gens de Frotey. J'y trouve une philosophie positive, applicable...

«... Monsieur, vous êtes un apôtre. Il y a donc encore de nobles âmes sur notre pauvre planète. J'ai quelquefois pensé qu'on n'y trouve plus qu'étroitesse d'idées et sécheresse de cœur : j'avais tort. En vous lisant j'ai l'âme réchauffée, consolée et disposée au bien. Si Dieu me laisse encore quelques années de vie, je voudrais être utile aux autres le plus possible ; voulez-vous m'y aider par vos bons conseils, vous qui avez réalisé de si excellentes choses avec presque rien, mais par votre si énergique volonté ?

» ... Il ne m'est pas encore permis d'exprimer tout haut des idées que l'on trouve, je ne sais pourquoi un peu *avancées*. Je dois cacher au fond de mon âme mes sympathies les plus légitimes de peur de scandaliser les faibles, jusqu'à ce que ceux-ci soient un peu *élevés*. Quel puissant *sursum corda* il faudrait faire retentir ici ! »

Une seule sympathie comme celle-là ne suffirait-elle pas, chers bons voisins, pour soutenir le zèle d'un apôtre et le dédommager de tous ses déboires ?

Je sais bien qu'à toutes les sympathies locales si honorables pour l'Œuvre et pour moi, mes dévots calomniateurs peuvent opposer des antipathies non moins locales : les catéchismes de persévérance de mon curé ; les complaintes des séminaristes de Vesoul en promenade ; la future brochure d'un desservant émérite ; les écrits anonymes qui serpentent partout le territoire ; les longs pamphlets à la main d'un curé voisin, mais au moins bravement signés de sa main, etc.

Ecoutez en quels termes cet honorable apprécie ma *sixième Lettre aux gens de Frotey*. J'extrais ces jugements de sa derniere épître in-quarto.

« Il est des choses... qu'on ne peut livrer à la publicité sans livrer en même temps son nom au *mépris public*. Or j'ai le regret de vous dire que votre dernier libelle me paraît mériter ce reproche.

» ... Vos lettres aux gens de Frotey sont tout ce qu'on peut trouver de plus misérable sous le rapport du fond et de la forme, du style et de la pensée. A part la partie simplement plaisante et bouffonne, elles ne renferment qu'un tissu de contradictions, de sophismes et d'absurdités ; elles ne sont enfin, selon les paroles du maître de Ferney, *qu'un fatras abominable dont on ne peut lire deux lignes sans avoir pitié de la nature humaine.* »

Cumulant l'atticisme avec la charité, ce même desservant me reproche encore d'écrire avec des *plumes d'oie* et de *dinde* « des pages indigestes pleines d'expressions plates, de figures rampantes, des pages qui insultent la délicatesse du goût, la vérité et le bon sens. »

Il persiste à soutenir que je suis *athée*. Il ajoute que je suis de plus un *fidèle disciple* du *grand menteur* de Ferney ; un *aspic* et un *barkokébas*, c'est-à-dire un orgueilleux à trente degrés, un imposteur et un peureux, etc. ; que je ne serai jamais que « le Guillot berger du *troupeau d'ignorants* qui m'écoute ; des *quadrupèdes et des bipèdes les mieux nourris du pays.* » Merci pour les gens de Frotey !

Enfin, l'aimable desservant a les mêmes aménités pour ceux de ses confrères qui admettent la mitigation des peines de l'enfer : ce sont d'abominables *hérétiques* de l'espèce du *prêtre Emery*.

Le prêtre Eméry! Voilà le respect avec lequel parle de l'un des plus savants et des plus saints supérieurs de Saint-Sulpice, l'orthodoxe et bien appris desservant qui signe ses pamplets in-quarto J. B., curé de Quincey.

Mes *Lettres aux gens de Frotey* qui mettent en éruption, de la façon que vous voyez, les estomacs cléricaux sur les bords de la Colombine, font au contraire, sur les côtes de l'Océan, jaillir de cerveaux administratifs des vers comme ceux-ci :

L'AME IMMORTELLE

AUX ENFANTS DE FROTEY.

Souvenez-vous de mon conseil,
Enfants, parce que je vous aime.
A chaque retour du soleil,
Faites un effort sur vous-même.
Toujours libres, dispos au travail comme au jeu,
Dans chaque aimable enfant, reconnaissez un frère :
Ainsi l'a voulu le bon Dieu
En vous appelant sur la terre.
Alors, aimés de tous, vous grandirez heureux,
Trouvant que cette vie est belle :
Enfants, votre âme est immortelle,
Et vos petits amis vous suivront dans les cieux.

Bien vivre est une grande affaire,
Mais on s'y peut accoutumer.
Ce n'est pas assez de bien faire,
Il faut encor se faire aimer.
On a pris soin de vous seconde par seconde,
Votre mère surtout, présente nuit et jour.
Que vous avez coûté d'amour
Depuis que vous êtes au monde !
Puisque vous voilà forts, faites de mieux en mieux,
A votre tour ayez du zèle :
Enfants, votre âme est immortelle,
Et vous retrouverez vos parents dans les cieux.

Malgré le calme du dehors,
Enfants, pour tous la vie est rude.
Les malheureux d'âme et de corps
Sont par le monde en multitude.
Mais vous, toujours choyés et qui dormez contents,
Oh! consolez le pauvre, et faites-lui l'aumône!
Les mains qui sèment au printemps
Recueillent des fruits à l'automne.
D'un air doux guérissez les maux, séchez les yeux,
Choisissez le Christ pour modèle :
Enfants, votre âme est immortelle,
Les pauvres, à leur tour, vous aideront aux cieux.

Car vraiment la vie est sans terme ;
Après la mort vous revivrez
Comme la plante sort du germe,
Et d'astre en astre vous irez.
La vie est sur la terre un grand apprentissage,
Sachez-y mériter les bénédictions.
Grâce à vos bonnes actions,
Vous aurez la beauté du sage.
Faire le bien sans peine, être juste en tous lieux,
C'est la loi : restez-lui fidèle :
Enfants, votre âme est immortelle,
Et vous emporterez vos vertus dans les cieux.

A. Huet.

M. Huet est percepteur dans un coin perdu de la Bretagne. M. Emile Deschamps était chef de division aux finances. M. Pottier est dessinateur pour étoffes. M. Humbert *expéditionne* à la préfecture de Vesoul. Les vrais poëtes sont poëtes partout.

J'espère que MM. les instituteurs des huit communes du concours vicinal feront apprendre par cœur ces beaux vers dans toutes leurs écoles, et qu'un enfant nous les fera entendre sur le Cannechevaux à la distribution solennelle des prix, dont je crois utile, chers bons voisins, de vous remettre le programme sous les yeux.

PRIX DU CONCOURS VICINAL D'ÉDUCATION ET D'AGRICULTURE.

Première catégorie.

1° Un prix, valeur de 50 fr., à la mère de famille qui présentera l'enfant de 6 mois à 3 ans le mieux portant et le mieux tenu.

2° Un prix, valeur de 50 fr., à la mère de famille élevant le mieux ses enfants de 6 à 14 ans.

3° Deux prix, valeur, chacun, de 50 fr., à la jeune fille — ROSIÈRE — et au jeune homme — LISÉEN — qui auront donné le meilleur exemple des bonnes mœurs.

4° Un prix, valeur de 50 fr., à l'instituteur ou à l'institutrice qui fondera une distribution de prix pour son école; qui organisera un cours de musique vocale, des cours d'adultes, ou fera le mieux prospérer ceux qui existent.

5° Un prix, valeur de 50 fr. au jeune garçon ou à la jeune fille de 15 à 18 ans qui aura le mieux conservé et surtout accru son instruction primaire.

6° Deux prix, valeur de 20 fr. chacun, aux enfants des écoles de filles et de garçons pour les deux meilleures compositions écrites, — calligraphie, orthographe et style.

7° Un prix d'*ornithophilie*, valeur de 20 fr., à l'enfant qui se sera distingué par un respect absolu de la vie et des nids des oiseaux utiles à l'agriculture.

8° Trois prix, de la valeur de 10 fr. chacun, pour les trois plus belles collections de minéraux, de plantes et d'insectes récoltées sur les territoires respectifs des huit communes par les enfants des écoles et les jeunes bergers.

Deuxième catégorie.

Quatre prix, valeur de 40 fr. chacun : 1° pour les plus beaux animaux de labour ; 2° pour la plus belle vache laitière ; 3° pour les plus beaux lots de moutons, chèvres, porcs ;

4° pour les plus beaux animaux de basse-cour et les plus heureuses tentatives d'acclimatation d'animaux.

Troisième catégorie.

Trois prix de 40 fr. chacun pour les plus belles collections : 1° de céréales; 2° de fruits; 3° de légumes et pour les plus heureuses tentatives d'acclimatation de végétaux (1).

Les personnes qui désirent concourir pour ces prix sont priées de vouloir bien s'inscrire dès aujourd'hui chez M. Vernerey, maire de Frotey, trésorier-adjoint de l'Académie.

L'exposition des animaux, céréales, fruits, légumes, etc., aura lieu le 20 août 1865 de 7 à 10 heures du matin.

La distribution des prix du concours aura lieu à 4 heures *très-précises* du soir. Elle sera suivie de la distribution des prix aux enfants et aux adultes de Frotey, et du tirage d'une tombola.

Des ventes, soit à l'amiable, soit aux enchères, d'objets parisiens et autres de toutes sortes, seront faites pendant tout le jour de la fête et au besoin les jours suivants.

Les personnes désireuses de fonder quelques-uns de ces prix voudront bien en donner avis à M. Aug. Guyard, 23, rue Cassette, à Paris.

Celles qui voudraient offrir quelques objets pour la vente ou la tombola sont priées de les adresser, franco, à M. Vernerey, maire de Frotey-lez-Vesoul (Haute-Saône).

Signé : VERNEREY, *maire de Frotey* ; AUGUSTE GUYARD, *directeur de l'académie*; L. A. BOURGUIN, *trésorier, ancien magistrat* ; F. BUFFET, *secrétaire général, chef d'institution.*

(1) M. Enoch a, de plus, fondé un prix d'arboriculture de 100 fr. pour celui des instituteurs des huit communes du *concours vicinal* de Frotey qui aura mis le plus de zèle à propager les meilleures espèces de fruits, à enseigner la culture et la taille des arbres. Ce prix sera distribué pour la première fois le 20 août prochain.

Ceux d'entre vous, chers voisins, qui veulent concourir, peuvent dès maintenant se faire inscrire à la mairie de Frotey ; espérons qu'ils seront nombreux. Gardez-vous bien d'écouter ceux qui vous détourneraient de venir disputer nos prix; ils ne seraient pas vos amis. Unissez-vous à nous franchement, hardiment et vous verrez les progrès de toutes sortes — intellectuels, moraux, matériels — que nous réaliserons en peu de temps, si nos huit communes veulent s'entendre pour fonder ensemble : une société de secours mutuels ; une bibliothèque ; un musée et des cours communs de toutes sortes ; une banque de prêts sur l'honneur et sur consignation de produits agricoles ; des bons de circulation ; une société de consommation et de participation ; des caves et des greniers communs ; une pépinière pour la plantation en arbres fruitiers de nos vastes communaux improductifs ; etc., etc.

Vous ne vous figurez pas à quel degré d'aisance et même de richesse pourrait arriver chacun de nos huit villages par cette seule plantation des communaux ! Notre excellent ministre de l'instruction publique va vous en donner une idée.

Dans une récente circulaire adressée aux recteurs, M. Duruy leur disait : « L'importation dans un village d'une bonne espèce de fruits ou de légumes n'a pas seulement pour résultat d'améliorer l'alimentation locale, mais de fournir au commerce des quantités considérables de denrées. Un préfet me citait naguère une commune de son département où les habitants retirent annuellement près de *cent cinquante mille francs* de la culture d'une seule espèce d'arbres à fruits. »

Afin de propager dans le pays les meilleures espèces de céréales, etc., mon père a essayé plus de trente espèces de blés, d'orges, d'avoines, toutes supérieures, sous tous les rapports, aux espèces que vous cultivez. Vous en avez vu l'an passé les magnifiques échantillons. Cette année nous vous ensemencerons de ces précieuses espèces.

Mon père, cet excellent et honnête vieillard, m'écrivait

l'autre jour : « Tu feras la distribution toi-même ; ce sera une faible réparation des dégâts que tu as commis étant enfant par tes courses et tes maraudes effrénées sur les territoires des huit communes. »

Donc au 20 août prochain, à quatre heures *précises* du soir, sur la Roche de Frotey, le commencement de mes réparations, chers bons voisins.

En attendant le plaisir de vous faire les honneurs du jardin de l'Académie, je vous prie, d'agréer, chers bons voisins, l'assurance de mes sentiments les plus fraternellement dévoués.
Auguste Guyard.

LETTRE A MES SOUSCRIPTEURS.

Ce fascicule, mes chers souscripteurs, clôt enfin mes *Lettres aux gens de Frotey* qui vous doivent le jour.

Je vous avais promis un volume de 250 pages ; je vous en donne un de plus de 400 avec deux plans : j'ai donc tenu ma promesse, et au double.

Mais ai-je répondu moralement à ce que vous attendiez de moi et de l'Œuvre à laquelle vous vous êtes si généreusement associés ? C'est ce que m'apprendra bientôt le scrutin d'abonnement nouveau auquel je viens vous convier.

Je vous adresserai prochainement à tous, le premier numéro du journal mensuel, la Commune-Modèle. Chaque souscription à ce journal sera pour moi une boule blanche qui voudra dire : « Je suis content de vous »; chaque refus sera une boule noire qui me signifiera le contraire.

Je compte bien par avance sur quelques boules noires, plusieurs d'entre vous ayant pu souscrire à mes *Lettres* par curiosité ou par méprise. Mais ceux-là mêmes qui auraient scrupule de me continuer leur coopération, parce que nous ne communions pas dans le même Credo religieux, philosophique ou politique, rendront, je l'espère, justice à la sincérité de mes convictions et à la franchise avec laquelle je les exprime. Ils conviendront que mon symbole est assez vaste pour que puissent s'y embrasser dans des ressemblances qui unissent, tous les symboles qui n'arborent, hélas! trop souvent que des différences qui divisent.

Ils conviendront aussi que si ma plume de défense se change parfois en aiguillon d'abeille, mes piqûres s'arrêtent à l'épiderme. J'accepterais de grand cœur la main que mes adversaires ou mes ennemis voudraient me tendre. La haine, Dieu merci, n'est point dans ma nature. Fuir et oublier, dans la crainte de me laisser aller à la vengeance raffinée du bien pour le mal: voilà tout ce que je pourrais me permettre contre mon plus cruel ennemi, et même contre un ami assez ingrat pour me reprocher ses services.

Le 31 novembre dernier, j'ai, pour la première fois, rendu mes comptes devant le conseil de direction qui leur a donné une approbation unanime. Ces comptes embrassent une période de dix-neuf mois depuis la fondation de l'Œuvre, 4 mai 1863, jusqu'au 31 novembre 1864. En voici le résumé en chiffres ronds.

Recettes.

1° Produit de mes *Lettres aux gens de Frotey*, souscription et vente.	4,850
2° Cotisations académiques	395
3° Dons, prix divers, etc	497
4° Part de l'œuvre dans la fête du bois de Boulogne.	420
Total	6,162

Dépenses.

1° Impression des Lettres aux gens de Frotey, prospectus, circulaires, affiches, frais de poste, de bureau. etc.	3,006

2° Instruments aratoires et orgue harmonium. . . 1,000
3° Bibliothèques, académie, musée, jardin des écoles, abonnements divers aux journaux, aux sociétés, livres pour prix, étrennes et secours, etc. 749
4° Primes d'assiduité aux écoles. 578
5° Quatre voyages à Frotey, prix en argent, transports, etc., etc.. 1,854

Total 7,187

Ainsi les dépenses des dix-neuf premiers mois dépassent les recettes de 1,025 fr., et je ne compte ici ni mon temps absorbé tout entier par l'Œuvre, ni les énormes frais de voiture que me rendent nécessaires les suites ruineuses d'une entorse.

Ce déficit fut comblé quelques jours après par la souscription de mon frère Don L. Ferjeux Guyard qui habite le Mexique. Il a voulu s'inscrire ainsi parmi les fondateurs *effectifs* (1) de l'Œuvre. Je n'attendais pas moins de sa généreuse amitié pour moi, de son dévouement au progrès et à son village natal.

Malheureusement, l'Œuvre ne compte encore que deux fondateurs effectifs : la jeune dame russe, ma vieille amie, à laquelle cette lettre est dédiée et mon frère, qui sont venus mêler aux miennes, sur le berceau de la commune modèle, leurs mains pleines de grâces.

Madame la maréchale de Mouromtzoff s'est de plus engagée à mettre à ma disposition mille francs par an pendant quinze ans, pour aider à la fondation d'une industrie privée des produits de laquelle Frotey aurait sa large part. La jeune maréchale prélèvera ces quinze mille francs sur le budget de ses plaisirs. Peut-être le Couchant voudra-t-il imiter l'Aurore Boréale.

De décembre 1864 à juin 1865, les souscriptions à mes *Let-*

(1) Les fondateurs donnent mille francs de suite. Ceux qui versent cette somme par à-comptes de cent francs par an sont bienfaiteurs; ils ne deviennent fondateurs effectifs qu'après versement intégral de la somme de mille francs.

tres et les cotisations académiques n'ont pas atteint le chiffre de 800 fr. De là, nouveau découvert qui appelle d'autres souscripteurs, ou le redoublement du zèle des anciens. C'est l'affaire de la Providence et je suis sans inquiétude. Comment s'y prendra-t-elle? c'est ce que je vous raconterai, mes chers souscripteurs, après le 20 août prochain.

Des calomniateurs anonymes, qui me jugent d'après eux-mêmes, m'accusent, chers souscripteurs, de faire de l'Œuvre de Frotey une spéculation financière à mon profit. Ils tournent méchamment ma pauvreté contre moi, sans s'apercevoir qu'ils incriminent en ma personne toutes les natures apostoliques. Est-ce que les apôtres sont riches? Toujours en avance pour les idées, ils sont, hélas! toujours en retard pour les capitaux. Le plus grand de tous était un vagabond réduit parfois à vivre d'épis empruntés à la banlieue de Jérusalem, et qui n'avait pas même un pavé où reposer sa tête; un vagabond auquel, aujourd'hui, un garde champêtre devrait déclarer procès-verbal, et qu'un sergent de ville, à moins de fermer charitablement les yeux, serait obligé de conduire au poste.

En tout cas, mes chers souscripteurs, mon apostolat n'eût pas été une spéculation bien digne d'envie. Jusqu'ici, je n'aurais pas même pu vivre de mon œuvre, comme m'y autoriseraient la justice, l'Évangile, saint Paul, et surtout ce clergé ultramontain qui, s'il n'a plus ses anciennes richesses, déjeune, dîne et soupe encore assez confortablement, ce me semble, des miettes d'or que le trésor public et la bourse des fidèles laissent tomber régulièrement sur l'autel. Heureusement que je pouvais, moi, compter sur l'appui de mes enfants, de ma famille et de mes amis, dans cette lutte que je soutiens depuis deux ans, et que j'y peux compter encore.

Mes calomniateurs auront beau faire, la générosité de ma nature et mon culte de la pauvreté, notoires pour tous ceux qui me connaissent, me protégent victorieusement contre toute accusation de spéculation égoïste. Thésauriser des sympathies : voilà quelle a été pendant cinquante ans, et quelle sera jusqu'à la fin ma seule manière de comprendre la fortune. Aussi peu de personnes dans le commerce des affections ont-elles fait de meilleures affaires que moi.

Avant mon mariage, j'avais déjà des amis à remplir trois fois la maison de Socrate. Depuis, j'ai eu le bonheur de voir toutes les semaines — sinon tous les jours — pendant trente ans, une connaissance, une sympathie ou une amitié nouvelle venir s'asseoir au pain et au sel de ma famille, sans pour cela m'être jamais aperçu que le pain et le sel aient diminué d'une miette ou d'un grain sur ma table hospitalière. L'avarice ruine le riche avare ; l'hospitalité ajoute un trésor moral aux richesses de l'opulent qui sait des vins vieux de ses caves se faire des amis nouveaux ; comment l'hospitalité appauvrirait-elle l'homme qui n'a rien? Le pain du pauvre est comme la flamme de son cœur ou de son foyer : il se partage sans s'amoindrir.

D'autres me calomnient d'ambition politique : ils disent que mon Œuvre de Frotey n'a d'autre but que de préparer ma candidature à ceci ou à cela.

Mon passé, chers souscripteurs, proteste aussi contre cette autre accusation. Beaucoup d'entre vous le savent, personne n'a mieux été placé que moi pour être, en 1848, préfet, représentant du peuple, diplomate. Cependant qu'ai-je été? Rien. Qu'avais-je demandé au gouvernement républicain que j'avais aidé à fonder, et à l'illustre ami qui en était le chef? Une place de 3 à 4,000 fr. au plus, — l'absolu nécessaire de ma nombreuse famille, — une inspection des écoles primaires qui me donnât l'autorité suffisante pour propager une méthode au moyen de laquelle je peux enseigner en quelques semaines à lire et à écrire un bulletin à tous les électeurs d'un département. C'est par cette méthode qu'au mois de février dernier j'ai pu, en trois jours, initier simultanément huit paysannes de Frotey à la lecture, à l'écriture et à l'orthographe de l'oreille.

Qu'une modification à la Constitution de l'Empire oblige tout électeur à savoir lire et écrire d'ici aux prochaines élections générales sous peine d'être rayé des listes, et je me fais fort d'ici là de mettre tout électeur qui le voudra en état de remplir cette condition *sine quâ non*. Aujourd'hui, un bon tiers des électeurs sont incapables de contrôler *de visu* les bulletins de vote qu'on leur glisse dans la main devant l'urne du scrutin. Qu'est-ce donc pour ces citoyens illettrés que le droit électoral, sinon le droit dérisoire de voter peut-être contre leurs sympathies, contre leurs intérêts, contre leurs principes ? Est-ce que le suffrage universel ne suppose pas au moins la lecture et l'écriture universelles?

Exterminer vitement cette humiliante et déplorable ignorance crasse qui sévit encore sur le tiers de mes compatriotes, voilà le sujet constant de mes préoccupations, très-ambitieuses, je l'avoue. Quant à mon ambition politique, elle sera satisfaite le jour où j'aurai l'honneur de siéger au conseil municipal du cher village où je suis né, auquel je pense tous les jours comme à ma mère, et où je serais bien malheureux de ne pouvoir aller mourir en répétant ces vers d'Ovide :

> Nescio quâ natale solum dulcedine cunctos
> Ducit, et immemores non sinit esse sui.

Ce n'est pas d'hier, chers souscripteurs, que je me préoccupe des moyens de détruire l'ignorance. Il y a trente ans, qu'à Vesoul, dans une petite chambre bleue de la rue des Annonciades, j'employais mes loisirs du dimanche à un ouvrage sur l'émancipation intellectuelle et morale, *dédié aux habitants de la Haute-Saône*. Cet ouvrage, annoncé dans un prospectus imprimé à Vesoul, en 1835, par M. L. Suchaux, est resté inédit ; mais il contenait en germe : mon *art d'étudier et d'enseigner*, mes *Lettres aux gens Frotey* et la *Méthode simultanée de lecture, d'écriture et d'orthographe auriculaire en trois jours*, que j'écris en ce moment.

Il y a 30 ans que je demandais au préfet de la Haute-Saône

— qui me la refusait — l'autorisation d'ouvrir aux ouvriers vésuliens ces cours publics et gratuits que notre bonne ville de Vesoul, s'associant des premières à l'initiative si exemplaire et aux intentions si libérales de M. Duruy, leur a généreusement ouverts cette année.

Il y a 25 ans que je demandais à M. le préfet de la Seine l'autorisation de faire un cours d'émancipation intellectuelle et morale aux ouvriers parisiens. Cette autorisation me fut aussi refusée. Le gouvernement bavard de M. Thiers et de M. Guizot aimait mieux qu'on lui fabriquât des bacheliers que de leur créer des hommes.

Je continue aujourd'hui l'œuvre commencée il y a 30 ans, et je et je la continuerai envers et contre tous les obstacles, jusqu'à la mort.

Excusez, chers souscripteurs, cette longue digression où je ne parle que de moi. C'est une nécessité. Notre fondation naissante, incarnée jusqu'ici dans ma personne, ne vaut guère encore que ce que je puis valoir moi-même. C'est donc défendre et consolider l'Œuvre de Frotey que de faire justice des calomnies par lesquelles on cherche à la détruire en m'attaquant.

Depuis la publication de ma *sixième lettre*, c'est-à-dire depuis six mois, il ne m'est venu que trente-trois nouveaux souscripteurs; ce sont Mes Bosch, Buenchaud, Perret; Mlles Mathilde Withers, Emilie Thompson, Rosalie Morel; M. F.; MM. Adnet, Dr Augier; Bellorosoff, aumônier du prince Orloff; Colard; Destrem; d'Espinassous; Fleury; Goguel, D^r^ en droit; Godin-Lemaire, manufacturier; Aug. Goux, vétérinaire principal; Jourdeuil, aux Etats-Unis; Le Français; L..., chef de bureau au ministère de la guerre; Désiré Laverdant; Lenoir; Maumenet; Le Moyne, ingénieur en chef des ponts et chaussées; Pirriou, cap. de frégate; de Possac; Rigollet, prof. de tissage; Richard, cap. du génie; le Dr Rosen; J. P. Véran manufacturier; Paul West, à Boston; Evrard confiseur; Grosjean, cap. au 87e.

Je voudrais bien, chers souscripteurs, que les cléricaux intolérants qui ne veulent pas permettre à un libre croyant de réaliser à Frotey son modeste idéal social, connussent, comme moi, les individualités de ce nouveau petit groupe d'adhérents ; peut-être, en voyant communier ainsi tous ensemble dans l'idée conciliante de la commune modèle des ultramontains, des orthodoxes grecs, des protestants, des impérialistes et des républicains, peut-être, dis-je, profiteraient-ils de la leçon de tolérance qu'ils en recevraient.

Je m'explique la lenteur du mouvement des souscriptions à mes *Lettres* par le long intervalle que j'ai été obligé de mettre entre elles dans leur publication — de trois à six mois ; — six mois, c'est trois fois le temps d'oublier les hommes et les choses les plus considérables ! J'espère que la régularité périodique du journal la *Commune-modèle*, qui réveillera tous les mois l'attention publique sur notre Œuvre, quadruplera dans l'espace d'une année le nombre si restreint — moins de deux cents — de mes souscripteurs. Il est vrai que ce sont des adhérents de choix et que la qualité pourrait suppléer le nombre Je m'explique.

Je suppose, chers souscripteurs actuels, que vous me restiez tous fidèles et que le premier numéro de mon futur journal mensuel porte à 250 le nombre de mes adhérents dévoués, vous allez voir comme il vous serait facile et peu coûteux de fonder à vous seuls la commune modèle de Frotey.

Il vous suffirait pour cela d'ouvrir entre vous, en dehors de vos souscriptions à mes *Lettres* et à mon journal, une souscription spéciale annuelle de 40 fr. par personne pendant dix ans, qui serait le *denier*, la *rente de l'Œuvre de Frotey* et ne serait ruineuse pour personne. Quarante francs par an, c'est un peu plus de dix centimes par jour, qu'il ne serait pas difficile d'économiser sur un luxe quotidien quelconque.

Ceux d'entre vous pour qui ces dix centimes par jour pourraient être un sacrifice pénible, le diminueraient des trois quarts en trouvant chacun trois autres adhérents qui réduiraient, pour chacun, la souscription à deux centimes par jour environ dix francs par an !

Voilà déjà deux moyens d'assurer la vie de notre fondation. En voici un troisième — il en faut pour toutes les convenances et pour tous les goûts — que je préférerais de beaucoup aux deux autres.

Mon ambition serait de pouvoir élever mon village comme j'ai élevé mes sept enfants, par mon seul travail. Mais pour cela, il faudrait à ma famille et à moi le travail deux ou trois fois plus abondant qu'il n'est en ce moment. Eh bien, chers souscripteurs, aidez-nous à trouver ce supplément d'occupations.

Je fais des livres que j'édite moi-même faute d'éditeur : demandez-m'en ; pour 25 fr. vous recevrez six ouvrages, y compris mes *Lettres aux gens de Frotey* qui forment un volume ; sans mes *lettres* je vous enverrai cinq volumes pour quinze francs. Je passe pour un bon éducateur, je peux recevoir dans ma famille trois ou quatre enfants ou jeunes gens : envoyez-moi trois ou quatre éducations à faire ou à parfaire. Un de mes fils peut préparer aux deux baccalauréats et enseigner neuf langues mortes ou vivantes : une de mes filles est peintre et professeur de son art ; une autre est musicienne et professeur de musique : procurez-leur aussi des élèves. — Enfin, nous venons de nous associer, dans l'intérêt de l'Œuvre, à des amis qui font la commission : ceux-ci en vins du Jura — les premiers vins d'ordinaire du monde — en vins de Bourgogne et de Bordeaux ; en eaux-de-vie de la Charente, etc. ; ceux-là en toutes espèces de marchandises et pour tous pays : donnez-nous vos commandes et celles de vos amis.

Tout en aidant à la commune modèle vous y trouverez des avantages personnels qui ne sont pas à dédaigner.

Nos combinaisons nous permettent de vous envoyer les marchandises neuves de premier choix, au prix de fabrique, sans prélever sur vous un sou de commission. Nous nous chargerons aussi de vous faire profiter des excellentes occasions de toutes sortes qui se rencontrent à Paris à l'hôtel des ventes et ailleurs.

Pour commencer, demandez-moi *Le Nouveau Jardinier*, magnifique ouvrage de 1,800 pages, édité par mon imprimeur, M. Donnaud, rédigé par MM. F. Hérincq, Alph. Lavallée, L. Neumann, Courtois-Gérard, etc., illustré de 500 dessins dans le texte et qui ne coûte que sept francs. M. Donnaud me fera une forte remise au profit de l'Œuvre et me donnera en plus, deux exemplaires par douzaine pour nos bibliothèques communales.

C'est pour le coup, chers souscripteurs, que le lecteur ennemi va crier à la spéculation. Mais que m'importe s'il s'avoue tout bas que ces spéculations-là sont rares, et que s'il y avait un seul spéculateur de ma façon dans chaque village, il y aurait en France au bout de dix ans trente-six mille communes rurales modèles.

Ce que j'aimerais bien mieux encore, mes chers souscripteurs, ce serait de pouvoir vous offrir une bonne entreprise industrielle et commerciale qui, tout en faisant la commune-modèle, vous servirait avec l'intérêt légal de l'argent que vous y mettriez, de beaux dividendes à chaque fin d'année. Depuis deux ans je rumine deux ou trois projets considérables, que je voudrais bien soumettre à des hommes compétents, et qui pourraient se charger de l'exploitation et de la direction de celle de ces affaires qui offrirait des chances de succès.

Si dans un an d'ici, je n'ai pu réussir, par un de ces moyens, à assurer la vie de mon entreprise, savez-vous, chers souscripteurs, ce que je ferai? je cesserai mon journal; je me lèverai du grabat où je pense et j'écris, où la maladie me cloue trop souvent, et je m'en irai de ville en ville avec mes enfants, faire des lectures sur la *commune-modèle*; donner des concerts et des séances de microscope, de télescope et d'anthroposcope; enseigner à lire et à écrire en trois jours, etc., et cela jusqu'à ce que j'aie amassé l'argent nécessaire à mon but. Pour l'atteindre, je ne reculerai devant rien. La mort seule peut m'arrêter, mais elle n'arrêtera pas mon œuvre. A défaut de disciples, mes enfants la continueront après moi, ils en ont pris le solennel engagement sur leur honneur et devant Dieu.

Pendant ces six derniers mois, la Presse nous a continué son bienveillant accueil. Ce n'est point sa faute si les souscriptions à mes *Lettres* ne sont pas plus nombreuses. Un volume ne suffirait pas à reproduire les articles en faveur de l'Œuvre de Frotey qu'ont publiés :

A Paris : le *Moniteur universel*; le *Petit Moniteur;* le *Siècle*; l'*Opinion nationale;* l'*Economiste Français;* le *Journal politique;* le *Journal littéraire*; la *Renaissance*; la *Gazette littéraire;* il *Corriere Italiano*.

Dans les départements : le *Courrier de Lyon*; l'*Etincelle de Bordeaux*; le *Journal de Seine-et-Oise*; le *Messager de l'Allier*; le *Journal de la Haute-Saône*; la *Presse Grayloise*; le *Journal de Montbéliard*; le *Messager de Bayonne*.

A l'étranger : le *Nouvelliste Vaudois*; le *Nouvelliste de Hambourg*; le *Diaro de Barcelone*; le *Bulletin de la Société royale protectrice des animaux de Bruxelles*.

Tous mes remercîments et toute ma reconnaissance dévouée aux écrivains de cœur et de talent qui ont bien voulu annoncer, prôner ou défendre l'Œuvre de Frotey dans tous les journaux, ainsi qu'à leurs généreux directeurs : à MM. Paul Dalloz, L. Jourdan, Ch. Sauvestre, Edmond About, Jules Duval, Alphonse Millaut, Francisque Sarcey, Riche-Gardon, Adrien Despretz, Joseph Caccia.

Merci, encore, et reconnaissance dévouée à MM. Férat, Dr Poujade, Ernest de Rattier, Emile Deschamps, de Leyden, Bouchard, L. Suchaux, Filingre, A. Roux, Emile Morlot, Rignon et à mon savant compatriote Ch. Bauquier.

Merci enfin, gratitude et dévouement respectueux à Mlles Daubié et Clémence Masson, ces femmes d'un talent si élevé, qui, dans l'*Economiste Français*, ont jugé l'Œuvre de la commune modèle avec une pénétration que pourrait envier plus d'un économiste. Je ne puis résister à l'orgueilleux plaisir de reproduire en entier l'article de Mlle Masson, qui est le résumé le plus brillant, le plus chaleureux, le plus complet des articles publiées jusqu'ici sur l'Œuvre de Frotey, et qui en est à la fois l'une des plus intelligentes appréciations.

Je n'ai point l'honneur de connaître Mlle Masson. Mais à l'heure même où j'écris ces lignes, j'apprends avec un étonnement plein de bonheur, que ce remarquable talent féminin est francomtois; qu'il habite à quelques lieues de Frotey; que Mlle Masson est, sous un autre nom, abonnée à mes *Lettres*, et que joignant les belles actions aux belles paroles, cette femme de cœur, — pardon du pléonasme — fait, quoique malade, une active propagande autour d'elle, et que c'est à cet ange de charité que je dois des collectes de souscriptions qui m'arrivent de temps en temps par la poste.

L'Œuvre de Frotey compte ainsi plusieurs anges gardiens qui veillent sur elle sous des figures de femmes. Je suis sûr qu'ils seront heureux et fiers de lire cet article d'un des leurs qui exprime si bien leurs propres sentiments, et qui semble écrit avec une des plumes de leurs ailes.

LETTRES AUX GENS DE FROTEY, PAR M. AUGUSTE GUYARD.

« La description de la fête de Frotey-lez-Vesoul, donnée par l'*Économiste Français* (1) dans un de ses précédents numéros, a dû surprendre quelques lecteurs et les porter à se deman-

(1) L'une de nos meilleures revues rédigée par M. Jules Duval. 18 fr. par an pour Paris, 22 fr. pour les départements. 15, faubourg Montmartre.

der à quelle merveilleuse influence cette petite commune, perdue à l'une des extrémités de la France, doit des institutions que possèdent à peine les centres les plus éclairés. Nous les engageons à chercher l'explication de ce fait dans les *Lettres aux gens de Frotey*, publication de M. Auguste Guyard, le fondateur de l'entreprise civilisatrice dont les débuts sont déjà si satisfaisants. Et que ceux qui, après avoir lu les élucubrations de certains réformateurs, ont juré qu'on ne les y prendrait plus, ne redoutent pas un nouveau piége. Si M. Guyard est un penseur profond, un philanthrope dévoué, il est aussi un homme d'esprit, un écrivain de talent, qui sait allier le charme de la forme à la solidité du fond, et dont le style vif, élégant, original, toujours animé par des convictions fortes ou de généreuses émotions, captive et entraîne, sans laisser l'intérêt se refroidir un seul instant. Peu de productions font goûter une jouissance aussi complète que les *Lettres aux gens de Frotey*; elles sont pleines de substance et satisfont le goût le plus délicat.

» Persuadé, après de longues études et de sérieuses méditations, que l'humanité ne peut arriver au bonheur qu'en se perfectionnant, et que, pour obtenir le perfectionnement général, il faut d'abord améliorer l'individu, puis la famille, puis la commune, M. Guyard a formé le noble projet de fonder dans son lieu natal une *commune modèle*, et il s'est mis à l'œuvre avec un courage et une abnégation auxquels on ne saurait donner assez d'éloges.

» Le moyen qu'il emploie pour atteindre son but, c'est l'éducation, mais l'éducation moralisatrice et complète qui, tout en travaillant à enrichir l'intelligence, s'attache plus encore à combattre l'égoïsme, à éveiller les sentiments généreux, à inspirer l'amour du beau et du bien, à affermir la raison, à éclairer la conscience, à élever la pensée vers l'Etre infini, source unique et éternelle de toute vérité, l'éducation qui émancipe l'individu en l'habituant à formuler des jugements indépendants; l'éducation qui, loin d'opprimer la volonté, la respecte et la fortifie comme une des plus sûres garanties de notre honneur, de notre liberté, de notre moralité.

» Et, pour atteindre ces grands résultats, M. Guyard ne va pas demander au monde des utopies, des méthodes impossibles : il a simplement recours à l'école, mais régulièrement fréquentée; à une bibliothèque bien composée; au travail, à la musique, à un musée; à des prix et à des récompenses accordés aux progrès, aux actions utiles, aux bonnes mœurs; il use enfin de l'heureuse influence qu'exercent des institutions dès longtemps connues et recommandées par toutes les sectes et tous les partis. Les esprits disposés à repousser chaque innovation, comme cachant quelque péril, ne peuvent conserver cette défiance envers l'œuvre de Frotey, puisqu'elle se distingue, non par l'originalité des procédés, mais par la simultanéité avec laquelle sont appliqués les moyens dont la pratique a constaté l'excellence. En effet, M. Guyard voudrait livrer à pleines mains, à ses compatriotes, les fruits bénis du passé; il voudrait que, dès ce moment, les jeunes générations de Frotey s'épanouissent au rayonnement de toutes les sciences, fussent nourries de toutes les grandes idées qui font la gloire de la pensée humaine et dont la société attend son salut; il voudrait que le progrès, arborant son drapeau sur l'humble clocher, apportât tous ses bienfaits à la population qui s'en montre si digne par sa reconnaissance.

» On se demandera peut-être si ces paysans, tout à coup transformés en façon de savants, ne prendront pas le soc de la charrue en dégoût et n'iront pas grossir les rangs de ces ambitieux incapables dont les rêves brillants vont si souvent aboutir à la misère. M. Guyard attend un effet tout opposé du développement que recevront les gens de Frotey, et nous partageons sa confiance. On voudrait en vain le nier, l'homme sans culture commence à comprendre que son ignorance le dégrade et le retient dans une sorte de néant qui le prive d'une foule de jouissances dont il a le vague instinct. De là l'attrait qui l'entraîne vers les grandes villes, foyers lumineux à la chaleur desquels il espère s'éveiller à une vie nouvelle et s'élever dans les régions où l'attendent tant de plaisirs inconnus. Mais quand le rayon vivifiant viendra le pénétrer dans son village; quand les arts, les sciences, consentant enfin à descendre jusqu'à lui, charmeront sa vie, dirigeront et ennobliront ses travaux, lui révèleront les beautés et les merveilleuses lois de la nature, trouvant alors dans son lieu natal l'aliment justement réclamé par son imagination et son intelligence, il ne songera plus à le quitter, car il comprendra combien la vie des champs, avec sa liberté et sa poésie, est supérieure à l'esclavage des villes. Loin donc de conduire au danger que l'on redoute à juste titre, M. Guyard indique le plus sûr moyen de le prévenir.

» Il semble que l'œuvre de Frotey devrait trouver intérêt et sympathie chez tous ceux qui la connaissent; elle rencontre pourtant des adversaires qui s'efforcent de l'entraver. Des gens que nous croyons sincères, mais égarés par des scrupules d'un autre temps, condamnent une entreprise qui déroute leur routine et émane, d'ailleurs, d'un principe religieux trop libéral pour qu'ils puissent s'y associer. Que M. Guyard ne se laisse pas troubler par leurs clameurs et poursuive sa sainte tâche. Tous les efforts tentés pour secouer le joug de la lettre et des vaines pratiques, ont soulevé les mêmes anathèmes; chaque triomphe de la vérité a été précédé d'une lutte avec l'erreur. Quant à nous, c'est avec une vive émotion et une admiration sincère pour l'homme de bien qui les a écrites, que nous avons lu les lignes suivantes :

« Mes amis, l'œuvre que j'entreprends aujourd'hui parmi » vous n'est rien moins qu'un apostolat; vous êtes donc en » droit de me demander quels sont mes titres et qui m'en- » voie...... Mes titres sont dans ma nature profondément » religieuse; dans cet amour enthousiaste de l'idéal, de la

» science, du progrès et de l'humanité qui brilla en moi dès » ma plus tendre jeunesse ; dans cet esprit de courageuse » initiative pour le bien qui me tourmente où que je sois.... ; » ils sont dans l'importance souveraine que j'attache à l'édu- » cation des femmes, comme seul moyen efficace de régéné- » ration sociale ; ils sont dans ma pauvreté volontaire en » biens du corps ; dans mon affection filiale pour Frotey, ma » chère petite patrie, que j'aime comme j'aime la France, » ma grande et généreuse patrie, l'apôtre de la civilisation » et du progrès ; ils sont enfin dans mon impérieux besoin » de partager avec vous tous, mes bons amis, les biens du » cœur et de l'esprit que j'ai pu amasser par un labeur de » quarante ans.

» Et maintenant, qui m'envoie?

» Je ne suis le missionnaire d'aucune faculté, d'aucune » église. Je suis le libre envoyé de ces goûts d'apostolat » et de propagande qui sont en moi presque dès mon en- » fance et ne font que se fortifier à mesure que j'avance en » âge ; je suis le libre envoyé de ma conscience et de mon » devoir. »

» Ces nobles et touchantes paroles n'ont pas besoin de commentaire. Voilà bien le langage du véritable apôtre, du disciple fidèle qui a ouvert son cœur à la loi d'amour et veut conformer sa vie à sa doctrine ; car il ne suffit pas de proclamer dans les professions de foi une fraternité mensongère qui accepte sans scrupule tous les privilèges. Pour être selon Dieu, cette fraternité doit travailler avec activité à faire participer tous les hommes aux mêmes avantages.

» Voilà ce que le christianisme nous commande, et celui-là seul est chrétien qui obéit à ce commandement.

M. Guyard dit encore :

« Mes amis, le devoir de l'honnête homme qui a une bonne » idée, c'est de la publier, c'est d'en essayer la réalisation » sans trop s'inquiéter d'abord des moyens de réussir. Le

» devoir de ceux qui approuvent cette bonne idée, c'est d'ai-
» der, autant qu'il est en eux, à son incarnation. »

» Ce dernier devoir, nous nous permettons de prier tous les amis du bien de le remplir envers l'œuvre de Frotey. Quoique un grand nombre d'hommes distingués par le mérite ou par la position aient accordé leur concours à M. Guyard, son entreprise, pour être menée à bonne fin, exige des fonds qu'il est loin de posséder encore et que la sympathie doit lui livrer. Que chacun, selon ses moyens, fournisse son tribut au budget trop modeste dont il dispose et contribue par ce moyen facile à l'avancement du progrès. Car il ne s'agit pas ici d'une de ces améliorations locales dont les avantages se concentrent dans les étroites limites d'un village inconnu. La *commune modèle* offre au monde un exemple qui sera suivi de proche en proche; la célébrité dont elle commence à jouir et qui continuera à s'étendre, ira au loin exciter l'émulation, encourager l'initiative, et les populations, comprenant enfin leurs devoirs envers elles-mêmes et leur responsabilité, au lieu d'attendre dans l'engourdissement la lente action du temps, voudront aussi entrer dans la voie rénovatrice où se recueillent à chaque pas les bienfaits de la science et d'une plus haute moralité.

» Les *Lettres aux gens de Frotey* se vendent au profit de l'Œuvre, et c'est dans le même but que M. Guyard va publier la *Commune modèle*, revue mensuelle, dont le premier numéro paraîtra prochainement. Achetons les lettres, abonnons-nous au journal, et, après avoir savouré ces excellents écrits, répandons-les autour de nous, faisons-les lire dans les campagnes, trop généralement disposées à se considérer comme en dehors de la vie sociale. Après avoir sérieusement médité sur ce qui se passe à Frotey, bien des âmes jusqu'alors contentes d'elles-mêmes parce qu'elles étaient contentes de leurs principes, seront forcées de s'avouer que l'amour du bien, sans les œuvres, n'est qu'une abstraction stérile, et rougissant de leur mollesse, peut-être auront-elles le courage de tracer aussi leur sillon sur le sol fertile de la réalisation.

« CLÉMENCE MASSON. »

J'ai reçu de leurs auteurs, soit pour notre œuvre, soit en hommage personnel, les ouvrages et les journaux suivants :

CATÉCHISME AGRICOLE ; *La Fermière ; l'Ecole et la Ferme*, par M. Greff, 100 exemplaires, nouveau don de l'auteur, chez Paul Dupont, r. de Grenelle-St-Honoré.

LES PREMIERS ELÉMENTS *de la Civilisation et du Bien-Être*, par M. Auguste Lehot, 12 exempl., nouveau don. Chez Durand, r. des Grès.

MÉDITATIONS MORALES, par M. Tissot, prof. de philosophie, doyen de la faculté des Lettres de Dijon, 6 exempl. ; nouveau don, chez Durand, r. des Grès.

DE L'AVENIR *du Théisme chrétien*, par M. Pécaut, 6 exempl. ; chez Cherburliez, 10, r. de la Monnaie.

DU PAPE, par Philothée, 4 exempl. ; chez Dentu, au Palais-Royal, galerie d'Orléans.

PIANTI et CANTI, par le Dr Poujade, 12 exemplaires.

NOUVELLES MÉTHODES *d'instruction élémentaire*, par M. Jules Radu, fondateur de la société des bibliothèques communales patronnée par Napoléon III, chez l'auteur à Paris-Passy, 29, r. Franklin.

LA FEMME DANS L'HUMANITÉ, par Edouard de Pompéry, chez Dentu, Palais-Royal.

UN NAUFRAGE AU TEXAS, par le Dr Savardan, chez Garnier frères, 6, r. des Sts-Pères.

LETTRES SOCIALES *et providentielles*, par M. Le Moyne, ing. en chef des ponts et chaussées, à la librairie des Sciences sociales, 13, rue des Sts-Pères.

LA CROISADE NOIRE, par Mme L. M. Gagneur, chez Faure, 166, r. de Rivoli.

ESSAI CRITIQUE *sur la philosophie positive* (réfutation d'Auguste Comte), par Ch Pellarin, chez Dentu.

GALERIE BIOGRAPHIQUE *du département de la Haute-Saône*, par M. L. Suchaux, à Vesoul, chez l'auteur.

PREUVES DIRECTES *des quatre règles de l'arithmétique*, par M. Dessoye, chez Giraud, r. St-Sulpice.

LE PETIT MONITEUR DU SOIR, réd. en chef M. Paul Dalloz, quai Voltaire.

L'ECONOMISTE FRANÇAIS, revue hebdomadaire, réd. en chef, M. Jules Duval, 15, r. faub. Montmartre.

L'ASSOCIATION, revue mensuelle internationale des sociétés coopératives Gérant, M. Beraud, 26, r. des Grands-Augustins.

LE COURRIER INTERNATIONAL, revue bi-mensuelle, 282, Strand, W. C., à Londres.

LA RENAISSANCE, revue mensuelle, réd. en chef, M. Richegardon, 5, r. de la Banque.

L'ETUDE POPULARISÉE, journal mensuel à UN fr. 20 c. par an, réd. M. J. Crescent, 9, cour des Miracles.

LE CULTIVATEUR CHARENTAIS, revue bi-mensuelle d'agriculture, réd. en chef M. G. Gouguet, à Angoulême, Charente.

L'ETINCELLE de Bordeaux, journal littéraire hebdomadaire, réd. M. Ernest de Rattier, 2 exemplaires.

LA FRATERNITÉ, journal mensuel des sociétés de secours mutuels, et de la société du Prince Impérial, réd. en chef, M. Giraud, président du tribunal de Niort (Deux-Sèvres).

Deux généreux libraires, M. Durand, rue des Grès, et M. Soye, représentant de la maison Cherbuliez, rue de la Monnaie, m'ont donné chacun une vingtaine de volumes.

Je viens de recevoir aussi de l'un des anges gardiens les plus zélés de l'œuvre, Mme Denis, quatre-vingts volumes, et ce n'est pas son dernier mot.

Plusieurs autres personnes m'ont fait des promesses de livres qu'elles n'ont pas encore eu le temps de tenir.

Si j'oublie quelqu'un dans mon énumération reconnaissante

qu'on veuille bien m'excuser; je réparerai mes oublis dans mon journal au fur et à mesure que je m'en apercevrai.

L'Œuvre de Frotey n'est pas seulement protégée par des anges, des séraphins eux-mêmes s'en mêlent. L'un d'eux, préposé dans le ciel parisien à la garde des écharpes de l'arc-en-ciel, a rayonné vers nos écoles, pour leurs étrennes, plus de deux cents fragments de ces écharpes. Je vous laisse à penser la joie des petites filles et des petits garçons, en se nouant au cou ces fichus célestes; et les bénédictions qu'ils envoyaient au bon Séraphin de M. J. P. Véran.

Je sais de bonne source que notre bon Séraphin destine à notre vente du mois d'août une nouvelle avalanche de surprises de toutes couleurs.

L'Œuvre de Frotey, chers souscripteurs, accepte comme vous le voyez, tout ce que la charité fraternelle veut bien lui offrir. Elle accepte jusqu'à l'onguent pour les panaris et jusqu'aux colliers contre les convulsions, qu'on lui expédie de Lagny ou de Marseille.

Vous pouvez donc m'adresser, franco, et mieux encore à M. Vernerey, maire de Frotey-lez-Vesoul, Haute-Saône, des objets qui ne vous servant de rien à vous-mêmes, auront toujours une valeur quelconque pour l'œuvre que vous aimez.

Pour faire mon œuvre je ne reculerais devant aucune offrande; pas même devant ces résidus anonymes dont, au mois de février dernier, nos ennemis intimes croyaient offenser nos affiches quand ils n'offensaient que leur conscience et leur odorat. Qu'au lieu d'en badigeonner des placards du bout de leurs index, ils nous en conduisent la nuit au Bois Brûlé tous les ans, assez de tonnes pour remplir notre vieille carrière jusqu'aux bords, et j'emploie le reste de mes jours à bénir leur nom. Car en quelques instants, au moyen de n'importe quelles terres séchées au feu, je neutralise les gaz qui blessent l'olfactif, et voilà, chers ennemis, votre lac d'injures subitement transformé en une mine de guano pour l'agriculture et en sacs d'or pour Frotey ; en riches moissons de céréales, de fruits et de fleurs pour tout le canton de Vesoul, et en dix mille francs de rente pour la commune modèle !

On entend sans cesse les agronomes et les paysans se plaindre de l'insuffisance des engrais ; comment donc peut-il se trouver à Frotey des gens qui perdent leur sommeil et leur guano à outrager les innocentes affiches d'un concours vicinal et d'une société de secours mutuels ? C'est qu'ils ignorent certainement qu'un économiste-agriculteur a démontré par des expériences réitérées que chaque homme rend quotidiennement à la terre, en substances non assimilables, l'équivalent de nourriture qu'il en reçoit en pain, en vin, en légumes et en fruits.

Mais tournons le feuillet :

Qu'un vers élyséen remplace cette prose ;
Humons le réséda, le jasmin et la rose !

Oui, respirons ensemble, chers souscripteurs, ce bouquet d'hémistiches et de rimes que j'ai cueilli pour vous dans le jardinet d'un jeune poëte inconnu :

SONNET.

Il a donc tressailli votre adoré fardeau !
Un petit ange en vous a soulevé son aile,
Vous vous êtes parlé ; le berceau blanc l'appelle
Et son image rit dans les fleurs du rideau.

Cet enfant sera doux, intelligent et beau,
Si chaque âme s'allume à l'âme maternelle,
Le cœur au feu du cœur et l'œil à la prunelle,
Comme un flambeau s'allume au toucher d'un flambeau.

Ainsi, chacun de nous porte son cher poëme,
Chacun veut mettre au monde un double de soi-même,
Y déposer son nom, sa force et son amour.

Le plus heureux poëme est celui de la mère ;
La mère sent Dieu même achever l'œuvre entière,
N'attend qu'un an sa gloire et n'en souffre qu'un jour.

Ne dirait-on pas des stances fleuries aux jardins de Saint-Point ou sur les terrasses de Jersey!

L'auteur du livre (1) auquel j'emprunte ce chef-d'œuvre,

> Ce sonnet sans défaut qui seul vaut un poëme,

a nom Sully-Prudhomme.

Et qu'on vienne dire que la Poésie s'en va! La Poésie, au contraire, grandit sans cesse comme l'Idéal; elle est immortelle comme l'Humanité.

A l'instant même où j'écris ces lignes, mon fils Stanislas m'apporte à moi-même un bouquet dont mon âme respire à plein bonheur les parfums : c'est une médaille de bronze que la Société Protectrice des animaux siégeant solennellement à l'Hôtel-de-Ville vient de décerner à l'école des petits garçons de Frotey, pour leur respect *quand même* des nids des petits oiseaux. Cette médaille porte d'un côté l'éffigie de l'Empereur et de l'autre ces mots :

LA SOCIÉTÉ PROTECTRICE DES ANIMAUX
A L'ÉCOLE DES GARÇONS DE FROTEY-LEZ-VESOUL
1865.

En proclamant nos jeunes lauréats, M. le vicomte de Valmer, président de la société, a cité avec les éloges qu'ils méritent, les noms de M. Vernerey maire et de M. Bonnamy, instituteur de Frotey, au zèle desquels les petits garçons doivent cette récompense collective.

Le vingt août prochain, sur le Cannechevaux, à la distribution des prix du concours vicinal, je décorerai de cette médaille M. le maire et la commune en sa personne. M. Vernerey à son tour, en décorera l'instituteur qui en décorera son école entre les mains de l'élève premier prix. Puis les enfants porteront processionnellement cette médaille dans leur classe ; elle

(1) *Stances et poëmes*, chez Achille Faure. 63, boulv. St-Martin.

sera suspendue au mur, derrière l'estrade de M. Bonnamy, à la hauteur de sa poitrine et au-dessus de toutes ces jeunes têtes blondes, où vient désolément se réfugier la sagesse quand elle est méconnue des têtes grisonnantes.

Dans cette même solennité je remettrai aux écoles de Frotey leur diplôme de fondatrices de la société du Prince Impérial : *Le Prêt de l'enfance au travail.*

II.

Ma *Lettre à nos bons voisins* me laisse peu de chose à dire sur mon séjour à Frotey, en février dernier. Hommes, femmes, enfants, sont venus avec empressement à nos cours de la journée et à nos réunions du soir à la maison commune, soit pour apprendre à lire et à écrire; soit pour assister à quelque causerie instructive; tantôt pour écouter M. Bonnamy nous lire d'intéressants extraits des journaux tels que l'*Histoire du travail* par M. Duruy; tantôt pour organiser une salle de lecture; hier pour voir sortir de ma poche *la lune de Frotey* dont l'éclat magnésien éclipse la lumière blafarde du soleil ultramontain; aujourd'hui pour demander des explications sur les Sociétés de secours mutuels et donner des signatures en blanc à nos futurs statuts, en dépit de ceux qui leur disaient que j'emporterais la caisse.

Cependant, l'opposition allait son train et lacérait nuitamment nos affiches, chantait un *De profundis* anonyme sur la commune modèle où elle insultait ses amis les plus honorables, les plus dévoués, et enfin inventait des horreurs au sujet de nos prix aux mères de famille et aux jeunes filles.

Je dénonce cette dernière infamie au *Messager de Bayonne* qui, le 6 juin 1865, disait à propos de ces mêmes prix :

« Lorsque nous voyons déployer tant de zèle pour l'amélioration de la race chevaline, pour l'engraissement des gallinacées et le prodigieux développement des produits agricoles, nous ne pouvons que trouver très-judicieux et très-bien inspirés ces habitants de huit communes qui ouvrent un concours pour l'amélioration *matérielle* et *morale* de la race humaine. »

Pendant que cette opposition sans nom à l'œuvre se dégrade et se détruit par ses excès, les enfants de nos écoles s'élèvent et deviennent de plus en plus le cher espoir de la commune modèle. Non-seulement ils méritent à Paris une médaille collective pour leur respect obstiné des nids, mais ils consacrent une bonne partie de leur indemnité scholaire à des œuvres charitables, à secourir, par exemple, les incendiés de Morteau auxquels ils viennent d'envoyer vingt francs, autant que l'Académie de Frotey et vingt francs de plus que l'Académie française !

Pour cela je leur envoie moi-même deux mois à l'avance leurs prix du 20 août. Que ne puis-je leur payer une délicieuse soirée de physique et de magie chez M. Robin, ces *merveilles de la mer* dont l'aimable et savant *popularisateur* des sciences étonne, amuse, émeut à cette heure, les petits et les grands au boulevard du Temple, et ces prodiges d'adresse que lui envieraient les spirites parisiens, les thaumaturges de Naples et ceux des îles océaniennes ! Le plus grand des miracles, comme le plus utile à l'humanité et à la religion, serait celui de remplacer chez l'homme la foi au surnaturel par la foi à l'immuabilité des lois de la nature. M. Robin, en faisant ce miracle-là tous les soirs, a bien mérité de la terre et du ciel.

L'Œuvre de Frotey a perdu trois éminents patrons : M. le duc de Morny, enlevé par la mort, pleuré de ses adversaires presque autant que de ses amis ; M. le baron et Mme la baronne Tharreau, trop tôt enlevés par la politique au département de la Haute-Saône et à Frotey.

Plusieurs membres de notre académie rurale se sont distingués par des actions ou par des publications d'éclat.

M. Clairefond, l'un de nos plus chauds bienfaiteurs, vient de fonder à Moulins une *Société pour la propagation des connais-*

sances utiles qu'il a inaugurée le 19 mars, par un éloquent discours rempli des considérations les plus élevées.

M. Ernest de Rattier, rédacteur de l'*Etincelle* de Bordeaux, a publié sous le faux titre de *Chants prosaïques* un livre d'une grande originalité d'idées et de style, que la presse a accueilli par un concert d'éloges unanimes. Notre cher grand poëte Emile Deschamps a dédié à cette occasion à M. de Rattier des vers que le peu d'espace qui me reste m'empêche, à mon grand regret, de reproduire à cette place.

M. P. Gosset, l'infatigable réformateur des banques, me remet une petite brochure grosse d'une *banque de l'agriculture* qu'il ne faut pas confondre avec le *Crédit foncier* ou le *Crédit agricole*.

Dans cette brochure, M. Gosset vous démontre par *a* plus *b*, que l'*Agriculture peut se prêter à elle-même des milliards.* Il félicite le très-honorable député de la Haute-Saône, M. le marquis d'Andelarre, de son discours du 3 avril et de son dévouement à la régénération de l'agriculture.

M. Humbert m'a envoyé le recueil de ses chansons populaires, si morales et si spirituelles à la fois. Il veut bien consacrer le prix de deux d'entre elles : le *Départ des conscrits de la Haute-Saône*, dédié aux gens de Frotey, et *Jean le fou* en tête de laquelle est inscrit mon nom, à fonder un prix annuel pour stimuler le reboisement en arbres fruitiers des plateaux dénudés des environs de Vesoul. Je publierai dans la *Commune modèle* la lettre qu'il m'écrit à ce sujet. Cette lettre m'étant arrivée après le tirage de ma seconde feuille, je n'ai pu faire à son *Départ des conscrits* les changements qu'il m'indique.

J'ai besoin d'exprimer une dernière fois dans ces *lettres* ma plus vive gratitude aux personnes qui, soit par un haut patronage, soit par de généreuses souscriptions à mes écrits, par des dons ou d'actives sympathies ont bien mérité de Frotey.

Merci donc à leurs Excell. MM. Drouyn de Lhuys, Rouher, Duruy, Rouland, Hassan Ali Khan et Suleyman Khan.

Merci à Mmes Alexander, Crawford, Breschot, de Curton, Chaumont, Denis, Debs, Delbruck, Dessirier, Dornier, Durand, Faivre, Gagneur, Goux, Isoard, de Meaude, Petit-pain, E. Pasquier, Rosti, Bonne Tharreau, Wagroski; et à Mlles M. F., Fohr, A. Parcord, Rosalie Morel, Malhide Withers.

Merci à MM. Ach. Albitès, Bazaine, Bourguin, Barbet, Barbier, Ch. Bernard, Bellaguet, Bellorosoff, Brémond-Guillard, Brown, Dr Chanet, Catellan, Chancerelle, H. Clerc, Carpentier-Pape, Chagot, Dr Crétin, Courtois; Delbruck, Dentu, Dessirier, Dr Delaporte, Donnaud, Duffet; d'Espinassous, Ernoult-Jottral, Dr Faivre, Francolin, Genteur, Galmiche cons. de préfecture, Galmiche insp. des forêts, Gérome, Gagneur, Galimard, H. Giraud, cap. Grosjean, Greff, G. Gouguet, Grosselin, Genty de Bussy, A. Goux, J. Goux; Giroux, H. Horeau, Huet; Lamartine, Lamarche, Lefebvre, Lehot, Lefils, Leboul, Leneveux, Leyendeker, E. Loubens, Lynch; Mgr Mabile, X. Marmier, Matthey, Molard, Moissenet, A. Morel; Nadar; Pasquier, Picard, Piallat, Pécaut, Philothée, Poëncet, Potonié; Mirza Réza, Robin, Dr Rosen; Salles, Sauvage, Dr Savardan, A. Simon; Soye; Bon Tharreau, Tissot, Ch. Thompson; Vallière, Vadon, J. Valserres, Vacca, Véran, Vilmorin.

Une chère lettre, que j'ouvre à l'instant, m'apprend qu'on va faire une neuvaine pour ma conversion, comme si je n'étais pas irrévocablement retourné vers vous, ô mon Dieu! depuis que j'ai quitté l'étroit, l'immobile horizon de la secte pour l'horizon sans cesse grandissant de la religion universelle!

Je remercie de leurs bons souvenirs et de leurs bonnes intentions, ceux de mes amis ultramontains qui tremblent et prient pour mon salut, à cause de ma tolérance universelle. Mais leurs neuvaines seraient bien plus humbles et plus vite exaucées, je crois; elles me seraient aussi bien plus agréables si, au lieu de demander pour moi la grâce étroite de penser à leur manière, ces chers dévots priaient Dieu de m'éclairer à la sienne, et surtout de leur apprendre à supporter le prochain avec la même charité que le prochain les supporte. Déjà une bonne religieuse m'a donné sa parole de prier désormais de cette façon là pour moi.

En disant à mes dévots amis que j'adresse au ciel tous les jours pour eux cette demande, je vais les fâcher au rouge; — un impur oser prier pour des purs ! — Mais ils me pardonneront cette audace dans l'autre monde, car je me promets à moi-même, si je meurs le premier, d'intercéder fortement pour eux auprès du concierge du paradis; — car le salut est assuré à ceux qui ne croient qu'à l'éternité du bien; — oui, je me promets d'intercéder pour eux jusqu'à l'importunité, dans le cas où, pour leur intolérance et pour leur orgueil, Saint Pierre leur fermerait la porte au nez. J'irais même jusqu'à lui rappeler, s'il était nécessaire, de quelle indulgence il eut besoin dans sa vie terrestre, lui aussi prompt à la rechute qu'au repentir; et il faudrait qu'il eût l'entendement dur comme autrefois, pour ne pas comprendre que si le bon Dieu a remis entre les mains d'un récidiviste de sa force les clefs de la miséricorde et du pardon, ce n'est pas pour qu'il veuille, lui Pierre l'ultramondain, lutter d'intolérance et d'orgueil avec les ultramontains.

J'ai déjà répondu, chers souscripteurs, à plusieurs critiques imméritées; je dois me justifier de quelques autres.

Beaucoup s'étonnent qu'un homme de rien tel que moi ait eu la présomption d'entreprendre une œuvre colossale comme la nôtre; ils s'imaginent qu'il me faudrait pour réussir un grand nom, une grande fortune, une haute position. D'abord, je leur répondrai avec l'intrépide fondateur des bibliothèques communales en Alsace, M. Jean Macé :

« Quand une idée porte un cachet bien évident d'utilité publique, le premier venu peut la servir s'il n'a pas peur de se mettre en avant, et il acquiert en la servant l'autorité personnelle qu'il n'avait pas. »

Je leur répondrai ensuite :

Dans l'Humanité, comme dans le monde, le grand a le petit pour cause. L'histoire naturelle nous montre des montagnes, des îles, des continents formés par les carapaces siliceuses ou calcaires d'innombrables bestiolettes microscopiques, et non par des squelettes de baleines et de mastodontes ; et l'histoire de l'Humanité nous apprend que c'est à des hommes de rien, comme les douze de l'Evangile, que sont dus la plupart des progrès de notre espèce.

— Alors pourquoi, me dira-t-on, recherchez-vous le patronage des hommes puissants?

— Parce que ces hauts patronages ont leur degré d'utilité, et que je ne dois rien négliger de ce qui peut être utile à mon but. Mais je ne m'exagère pas les services qu'ils peuvent me rendre. Nos puissants patrons n'ont pas le temps de s'occuper de Frotey, et l'eussent-ils, qu'ils ne voudraient peut-être pas faire pour une seule commune ce que toutes les autres auraient le même droit d'exiger. A quelques exceptions près, chers souscripteurs, c'est au zèle dévoué des plus modestes d'entre vous que notre Œuvre doit ses progrès.

Pour se soutenir et prospérer que lui faut-il ? Le même appui des journaux et la même liberté qui lui ont été si bienveillamment accordés jusqu'ici. Par la publicité, elle arrivera peu à peu au chiffre voulu des adhérents actifs dont elle a besoin pour lui assurer une modeste rente pendant dix ans ; au moyen de la liberté, je me charge d'éteindre, avant deux ans, le feu des batteries ultramontaines, s'il ne s'éteignait pas de lui-même, ou du moins d'empêcher leurs boulets de porter, alors même qu'ils nous arriveraient directement du fort Bregille ou du château Saint-Ange.

Vous en viendriez là de suite, chers adhérents, si vous vouliez assurer immédiatement deux lustres de vie à l'Œuvre par l'un des moyens que je donne à la page 71, etc. Devant le fait accompli quelle est l'opposition qui tienne ou qui vaille?

Si aucun de ces moyens ne vous convenait, je peux vous en offrir deux autres.

Beaucoup de personnes pensent, comme le savant doyen de l'Académie de Dijon, M. Tissot, que mes *Lettres aux gens de Frotey* serviraient la cause du progrès si elles étaient plus répandues ; elles m'engagent donc à en faire une édition populaire en les séparant de mes longs bulletins. Si vous pensez de même, chers souscripteurs, aidez-moi à les publier au profit de l'Œuvre en un joli petit volume de poche grand in-32, à deux francs. Pour cela souscrivez chacun à un certain nombre d'exemplaires que vous placerez autour de vous pour rentrer dans vos frais.

Si je fais cette publication à bon marché, j'y ajouterai deux courtes lettres : une lettre préface qui sera le programme, le prospectus et l'histoire de l'Œuvre; et une lettre postface sur la nécessité de la tolérance en matière de religion. Je pourrais avec cette lettre concourir au prix fondé par le vénérable général Mylius : vous savez, ce prix pour le meilleur petit traité sur la tolérance religieuse dont l'Académie française a ultramontainement refusé de se charger?

L'autre moyen est une *souscription populaire* proposée par un des plus zélés bienfaiteurs de l'Œuvre, M. Chaumont, souscription dont il prendrait l'initiative et la responsabilité.

Ah! si l'Œuvre comptait par département une seule personne du zèle et du dévouement de M. Chaumont, du capitaine Grosjean, de Mme Denis ou de Mlle Morel, quel chemin nous lui verrions faire en peu d'années!

A ceux d'entre vous, chers souscripteurs, qui viendront à notre fête du mois d'août, des gens bien intentionnés du reste, diront, comme ils ont déjà dit à quelques-uns, que j'ai mal fait de choisir Frotey pour le siége de notre Œuvre; que ce village a toujours été l'un des plus routiniers de la Haute-Saône; que depuis trente ans il a reculé à grands pas et qu'il n'y a pas en lui l'étoffe d'une commune modèle.

Frotey est ma patrie, c'est-à-dire mon *père* et ma *mère*, ainsi que l'exprime si bien ce beau mot de *patr-ie*, masculin par sa racine, et féminin par sa terminaison. L'amour filial me commandait donc de commencer par Frotey, et il me l'eût surtout commandé si mon lieu natal eût été dans le triste état que l'on dépeint : y réussir, c'était réussir partout.

Ceux qui t'accusent ainsi, chère petite patrie, ne te connaissent pas comme je te connais. Il y a cinquante ans, je me le rappelle comme si c'était hier, car j'avais environ l'âge appelé de raison par le catéchisme bizontin, — lequel, entre virgules, ne coûtait alors que quatre sous au lieu de huit qu'il se vend aujourd'hui, — il y a cinquante ans, dis-je, que tu étais l'une des communes les plus éveillées du canton, et une fière luronne, ma foi! — Il est vrai qu'en ce temps-là, tu allais au sermon et au catéchisme à la ville voisine, qui a toujours eu d'excellents curés comme celui qu'on y vénère en ce moment. — Oui, ma chère Frotey, tu étais une fière luronne, et c'est bien à toi que je dois mon esprit d'initiative, mon amour de la liberté, du progrès, avec ma force de volonté et de persévérance. Si tu avais fait trente pas en arrière, ce n'était point, certes, pour y demeurer, mais pour *t'embruer* afin de mieux sauter le grand fossé stagnant de la routine, de l'ignorance, de la superstition, au bord duquel tu as fais un trop long sommeil, et de reprendre, alerte, ta marche en avant.

Eh quoi! chers souscripteurs, on viendrait vous dire que le village dont le bon sens et la raison ont pu résister, trente ans, aux abrutissements d'un saint Benoît-Labrisme effréné; que le village qui m'a écrit spontanément cette belle lettre qui illustre la trente-deuxième page de cette brochure, est indigne d'être le siége de notre Œuvre et ne fera jamais une commune modèle!

Moi je soutiens, au contraire, qu'aucun village n'était plus digne d'être notre quartier général, et qu'il sera un jour commune modèle, parce qu'il se l'est juré à lui-même. Ou plutôt non, Frotey ne peut pas devenir, mais il voudra être de plus en plus ce qu'il est déjà.

D'autres me crient : Mais vous allez compromettre vos souscripteurs par vos opinions excentriques!

Je déclare hautement, qu'en défendant contre les cléricaux la liberté de conscience et la tolérance religieuse attaquées dans ma personne, je n'entends pas compromettre avec les miennes les opinions de mes adhérents. Ce n'est point à telle ou telle de mes croyances probables qu'ils ont souscrit, c'est à l'idée de la commune modèle et c'est la seule adhésion que je leur demande. Je revendique sans partage, les opinions, religieuses et autres, accessoirement exprimées dans mes *Lettres*, et dont je ne dois compte qu'à celui qui lit dans les cœurs. Mais je remercie vivement ceux de mes adhérents qui ne pensent pas comme moi, du supporter fraternel dont leur souscription à ces *Lettres* a donné le bon exemple.

Sur ce globe, qui dans l'explication orthodoxe ne serait qu'une chatoyante bulle de savon propre, tout au plus, à distraire un instant l'hypocondrie sans fin d'un Pan spirituel, sur ce globe terraqué, il existe jusqu'à onze cents manifestations principales du sentiment religieux, onze cents cultes qui honorent Dieu chacun à sa manière. Verrait-on sous le soleil un si grand nombre de religions différentes et souvent contradictoires, si un credo monotone et l'uniformité du culte étaient nécessaires au salut de l'Humanité; si la variété dans l'unité, n'était pas en religion comme en toute chose, une des lois divines de la nature; si Dieu n'acceptait pas toutes les formes de l'adorations?

L'Etat, en France, admet en principe la libre variété des cultes, et même nourrit avec une tolérance digne d'être imitée, les ministres de trois autels ennemis : le curé qui prêche le salut exclusif des ultramontains et la damnation des protestants et des juifs ; le pasteur et le rabin qui se récrient là contre, en envoyant curés et paroissiens à tous les diables.

Quand donc Dieu admet à sa communion onze cents religions différentes y compris le romanisme intolérantissime, les ultramontains auraient le droit de m'excommunier comme un impie ou un athée, et de s'opposer par le *fas et le nefas* à mon œuvre évangélique d'émancipation rurale, et cela sous prétexte que je n'honore pas Dieu, que je ne sers pas l'Humanité à leur guise, et que ma tolérance universelle des religions est le renversement de toute religion?

Quand j'aurais pu être l'un après l'autre rabin, desservant, pasteur; quand j'aurais pu émarger successivement au budget à ces trois titres, en compagnie de cinq cent mille honnêtes fonctionnaires, je ne pourrais pas sans scandaliser la ville et la campagne, parler et agir en libre croyant, en apôtre sans traitement et sans casuel du Christ et du progrès, tels que le furent saint Paul, saint Irénée, saint Ferréol et saint Ferjeux?

Tout beau! Monseigneur et messieurs! J'entends et je veux adorer notre père commun et servir les hommes en libre enfant de Dieu, selon ma conscience et non à votre guise, dans le respect des lois que vous violez, et que je défends contre vous, en défendant la liberté de penser et la tolérance religieuse universelle, que notre Constitution proclame et protége.

Oui, je revendiquerai énergiquement contre l'intolérance ultramontaine, et pour les autres autant que pour moi-même, le droit naturel, le droit humain et divin tout ensemble de faire une œuvre civile, de fonder une commune modèle sans un billet de confession de mon curé et sans un permis de mon évêque ; et ce droit qui est la plus chrétienne conquête de notre immortelle révolution, je le revendiquerai aussi longtemps qu'on me le déniera ; aussi longtemps que les ultramontains ne me supporteront pas comme je les supporte.

Seulement, chers souscripteurs, je ferai cela dans des publications spéciales, dans des *Epîtres aux Bizontins*, par exemple, ou dans de *Nouvelles lettres aux gens de Frotey*, car mon journal la *Commune modèle* veut rester étranger à *toute espèce* de dispute.

Pour ce journal, je fais appel à la collaboration de tous mes adhérents. Plus je serai aidé dans la rédaction, plus j'aurai de temps à consacrer à la réalisation matérielle de l'Œuvre. Seulement, je prie mes collaborateurs de vouloir bien condenser leurs idées dans des articles substantiels d'une cinquantaine de lignes au plus, afin que notre petite revue mensuelle qui n'aura que 32 pages in-8°, offre au lecteur, dans ce court espace, la plus grande variété possible de sujets. Quand on a le temps d'être court et de quintessencier, cinquante lignes suffisent bien à l'expression claire, à la distillation limpide d'une pensée utile. C'est au lecteur à étendre de réflexions et de commentaires les extraits concentrés de l'auteur. Cependant chers souscripteurs :

En tâchant d'être courts ne soyons pas obscurs.

Je ne sais pas si la longueur malheureusement obligée de mes *Lettres* formule assez clairement ce que j'entends par une commune modèle; je serais désolé si je pouvais dire comme M. Sully-Prudhomme dans son admirable préface :

Quand je vous livre mon poëme,
Mon cœur ne le reconnaît plus :
Le meilleur demeure en moi-même,
Mes vrais vers ne seront pas lus.

Car si l'artiste ne peut jamais donner à son idéal la forme

divine qu'il voudrait, le fondateur, l'améliorateur social peut toujours exposer nettement dans leur cadre ses fondations ou ses réformes restreintes.

Plusieurs personnes m'ont dit n'avoir pas encore bien compris ce que je veux, j'essayerai de l'expliquer, avec toute la clarté dont je suis capable, dans un article qui paraîtra en tête du premier numéro du journal sous cette rubrique : *Ce que c'est qu'une commune modèle.*

— Vous demandez à tout le monde, me reproche-t-on encore, et jusqu'ici vous n'avez fait que donner aux gens de Frotey.

— Ceux qui parlent de la sorte sont, naturellement, ceux auxquels on ne demande rien, parce qu'ils ne donneraient pas ou le feraient de mauvaise grâce. Ce sont surtout, et je m'en étonne, ceux qui souscrivent au denier de saint Pierre pour l'entretien de l'armée du Pape et le luxe scandaleux des cardinaux romains.

J'ai déjà dit et je le répète, que si j'avais été riche, que si j'avais eu seulement dix mille francs de rente, j'aurais entrepris seul avec ma famille mon œuvre de Frotey. Cependant, chers souscripteurs, croyez bien que nous n'aurions pas eu l'égoïsme d'exclure les personnes qui eussent voulu partager avec nous tant de bonheur et tant de gloire. Le plus odieux des monopoles serait celui de la bienfaisance.

Mais, puisque je suis pauvre, comment pouvais-je entreprendre de réaliser une œuvre d'utilité générale sans demander d'abord aide et concours à tout le monde? Rassurez-vous cependant, philanthropes et dévots : je ne mendie ni cette froide aumône d'une pitié hautaine, ni cette maussade aumône *pour l'amour de Dieu* aussi déshonorantes pour la main qui jette quelques gros sous par les fenêtres que pour celle qui les ramasse. Je n'accepte que la chaude bienfaisance du cœur, et la charité gracieuse; cette charité pour *l'amour du prochain* qui met l'âme rayonnant la gratitude au niveau de celle qui rayonne le bienfait, parce que ces deux âmes échangent deux bonheurs équivalents, et que bien recevoir est aussi difficile que bien donner. Ma pauvreté au moins est espagnole si ma religion ne l'est pas.

Si jusqu'ici je n'ai fait que donner, cela prouve d'abord que je ne garde pas pour moi, ainsi que d'autres m'en accusent, ce que je reçois pour mon village. Voyons ensuite si je pouvais faire autrement.

Lorsque j'ai commencé mon œuvre, il y avait plus de trente ans que j'avais quitté Frotey; la population en était à moitié renouvelée; j'y étais inconnu des uns, presque oublié des autres; je venais en lazare dans ce pauvre village en proie depuis mon départ au culte de saint Benoît-Labre et de sainte Marie Alacoque, et je ne devais y faire que de rapides et rares excursions, mon labeur quotidien me retenant à Paris les trois quarts et demi de l'année.

Voilà les conditions où il me fallait conquérir la bienveillance, l'estime, la confiance de mes compatriotes frotéens, avec l'influence nécessaire pour leur faire accepter mon œuvre et pour, à cent lieues d'elle, la défendre contre des mauvais vouloirs, des résistances et des hostilités de toutes sortes et de tous les instants, faciles à prévoir, puisque je n'étais l'affilié d'aucune milice ultramontaine : ni robe courte de saint Ignace, ni tiers-ordre de saint Dominique, ni carbonaro de saint Vincent, etc.

Or pensez-vous, chers souscripteurs, qu'en cet état de choses, il me fallait commencer par mettre à contribution les gens de Frotey? Croyez-vous qu'ils se fussent associés à mon œuvre à leurs dépens avant de l'avoir comprise? Ne devais-je pas d'abord les *élever* par une éducation gratuite à concevoir, à embrasser, à aimer cette loi de notre espèce qui s'appelle le Progrès et dont les multitudes dans les campagnes n'ont encore, hélas! pas la moindre notion? Tout ce qu'il m'était raisonnablement permis de demander d'abord aux gens de Frotey, c'était de vouloir bien accepter ce que vous leur offriez si généreusement, chers souscripteurs, dans un but de progrès général et de progrès spécial; d'avoir confiance en moi et de s'associer au moins passivement à une expérience qui avait pour but leur bonheur et celui de l'humanité, et qui ne leur coûterait ni une tine de vendange, ni une gerbe de passion, ni le prix simoniaque d'une messe à vingt sous sur un autel ordinaire, ou à 25,000 francs sur un autel privilégié.

Oui, chers souscripteurs, c'est à nos frais que nous devons faire prendre à des paysans de bons plis, leur donner de nouvelles habitudes qu'ils auront ensuite le besoin de continuer et d'entretenir volontairement à leurs propres frais. C'est en donnant la bouillie et la main à son enfant qu'une mère lui apprend à manger et à marcher seul. Quiconque entreprendra une commune modèle en demandant d'abord aux paysans tels qu'ils sont aujourd'hui, est sûr d'échouer.

Croit-on d'ailleurs que ce soit déjà une chose si aisée que de faire accepter à un village le bien gratuit qu'on veut lui faire? Les paysans ne comprennent pas qu'on s'occupe d'eux sans une arrière-pensée d'intérêt personnel — bien des citadins leur ressemblent en cela — qui doit nuire à leurs propres intérêts. Essayez seulement, lecteur généreux, d'offrir à un village de lui planter, à vos frais, en arbres fruitiers, les immenses communaux improductifs de son territoire, c'est-à-dire de lui offrir de l'ombre pour ses pâturages, pour ses bestiaux et dix, quinze ou vingt-cinq mille francs, peut-être, de revenus au bout de quelques années, et vous verrez les obstacles que vous rencontrerez! et vous entendrez les belles raisons qu'on vous opposera! « Vous voulez donc envoyer nos enfants aux galères? » vous diront les femmes!

Rappelez-vous, chers souscripteurs, que l'honnête éditeur M. Durand n'a pu fonder gratuitement une bibliothèque communale dans son village natal. Tous ses efforts se sont brisés devant un *non volumus* universel provoqué par l'influence des accapareurs du salut en cette vie et en l'autre.

Des huit communes du concours vicinal deux seulement, Frotey et Navenne, se sont officiellement et complétement associées à notre œuvre. Moncey, qui a déjà consenti à nous laisser augmenter sa bibliothèque, n'a pas encore voulu se laisser entraîner plus avant par son maire, si intelligent et si zélé pour le progrès. Les cinq autres, qui ont d'abord poliment refusé mes livres, commencent seulement à accepter, par l'organe officieux de leurs maires ou de leurs adjoints, les deux journaux que je leur envoie.

D'autres *critiqueurs*, surtout parmi les cléricaux, prétendent enfin que je fais plus de bruit que d'ouvrage, et que je n'ai rien encore mis au monde d'*apparent*.

Je réponds aux cléricaux qu'il *paraît* au contraire que je vais plus vite en besogne qu'ils ne voudraient, puisqu'ils tirent nuit et jour sur mes travaux avancés. Je réponds ensuite aux critiqueurs de toutes sectes, que lorsqu'une idée nouvelle utile à l'humanité retentit dans le monde, elle y fait autant d'ouvrage que de bruit, parce que ce bruit la fait accepter aussi vite qu'il la fait connaître. Cela est vrai surtout de l'idée de la commune modèle à laquelle les échos ont répondu de tous les points de l'horizon, qui est inaugurée *officieusement* depuis deux ans dans le monde par les acclamations unanimes de la presse libérale et qui a reçu déjà une double consécration *officielle* : à Frotey, du conseil municipal, dans la fête du 15 août que présidait, pour M. le préfet, un conseiller de préfecture, M. Galmiche, accompagné de Mme la baronne Tharreau ; et à Paris, au bois de Boulogne, dans la fête patronnée par le préfet de la Haute-Saône et par l'ambassadeur de Perse, fête à laquelle assistaient, sympathiquement, le ministre et le secrétaire général de l'instruction publique, M. Duruy et M. Genteur, et, curieusement sans doute, M. Thiers, à qui j'ai, avec une respectueuse ironie, offert un de mes prospectus.

Ne trouvez-vous pas, chers souscripteurs, qu'il y a une grande injustice d'accuser notre Œuvre d'avoir fait jusqu'ici moins d'ouvrage que de bruit, elle qui, dans l'espace de deux ans, malgré l'insuffisance de ses ressources pécuniaires et malgré mille obstacles, a comme œuvre générale :

1° Inauguré en France et répandu dans le monde entier l'idée de la commune modèle : par des fêtes publiques ; par dix mille *Lettres aux gens de Frotey* ; par une multitude de prospectus ; et, surtout, par une immense publicité des journaux français ou étrangers qui ont donné à cette idée la plus généreuse hospitalité ;

2° Elle qui a fait communier dans cet idéal transitoire, comme dans un idéal immédiatement réalisable, des hommes de toutes les classes, de tous les rangs, de toutes les opinions, de tous les pays, au sein d'une académie villageoise qui compte parmi ses présidents d'honneur trois ministres de l'Empereur, et qui commence à faire école ;

3° Elle qui a, quant aux questions sociales, provoqué l'esprit d'initiative et d'imitation ; ranimé l'espérance ou la foi défaillante ; secondé les efforts du gouvernement pour résoudre ces questions dans l'intérêt des masses ?

J'accorde bien que les progrès de l'Œuvre spéciale de Frotey ne sont pas *voyants* comme ceux de l'ultramontanisme parmi nos évêques ; ou comme ceux des églises neuves en construction, et des vieux dogmes en démolition partout ; mais, patience, la commune modèle n'a pas encore eu à son service des siècles, des rois, des milliards et des canons !

Cependant nos progrès, pour être moins *apparents* que ces choses-là ou qu'un abdomen de chanoine, n'en sont pas moins visibles, palpables, nombreux déjà, et même ne manquent point d'un certain éclat ; car nous avons déjà fondé à Frotey en réalité et non *sur le papier*, entendez bien :

1° La gratuité de l'enseignement, par une prime d'assiduité aux écoles équivalente à la rétribution scolaire.

2° Des distributions de prix annuelles et solennelles : pour les enfants des écoles ; pour les adolescents de mœurs exemplaires ; pour ceux qui accroissent leur instruction primaire ; pour l'instituteur et l'institutrice ; pour les mères de famille qui élèvent le mieux leurs enfants ; pour les jeunes bergers qui respectent les nids et collectionnent des minéraux, des plantes, des insectes.

3° Des étrennes annuelles pour les écoliers qui persévèrent dans leur assiduité à la classe et dans le respect des nids.

4° Des lectures et des cours gratuits pour les adultes des deux sexes. Intermittents jusqu'ici, ces cours deviendront permanents peu à peu.

5° Trois bibliothèques : celle des écoles ; celle de la commune ; celle de l'académie comprenant ensemble déjà 700 volumes environ.

6° Un musée d'objets d'art et d'histoire naturelle.

7° Un dispensaire gratuit pour les gens pauvres ou peu aisés — consultations et médicaments.

8° Un *Jardin des écoles* inaugurant une plantation en arbres fruitiers de 72 hectares de communaux improductifs.

9° Une société morale des jeux et des amusements communaux établie entre les jeunes gens.

10° Une académie rurale de près de 200 membres, destinée à développer l'Œuvre et à devenir tribunal de conciliation, société d'acclimatation, société protectrice, etc.

11° Un *Concours vicinal* annuel d'éducation et d'agriculture entre Frotey et les sept communes voisines : Quincey, Colombe, Damvalley, Moncey, Comberjon, Coulevon, Navenne. — Le concours du 26 août 1865 distribuera vingt prix d'une valeur approximative de mille francs.

12° Enfin une Société de secours mutuels entre les huit communes du Concours est en bonne voie de formation.

L'Œuvre de Frotey a doté aussi la *commune modèle* : 1° des cinq principaux instruments agricoles : extirpateur, rouleau brise-mottes, herse articulée, houe à cheval, buttoir; 2° d'un orgue harmonium ; 3° d'un grand ciboire en argent, don de l'Empereur ; 4° de deux journaux quotidiens et de cinq ou six journaux hebdomadaires ou mensuels ; 5° du matériel nécessaire aux distributions de prix, — voté par le conseil municipal; — 6° de secours aux indigents, etc.

Elle a encore : 1° associé l'Académie de Frotey à la Société d'acclimatation ; 2° associé les écoles à la Société du Prince impérial, et à la Société protectrice ; 3° cultivé, pour essais, plus de trente espèces de céréales inconnues à Frotey ; 4° obtenu dix places gratuites pour les Frotéens qui sont venus représenter la *commune modèle*, à notre grande fête parisienne ; 5° donné aux enfants et aux adultes, en dehors des distributions de prix, plus de 400 volumes et deux plans de la commune et du territoire de Frotey; 6° démontré publiquement que de petits paysans peuvent en quelques mois, par la méthode Dessirier, arriver à chanter une messe en musique ; que des paysannes adultes peuvent être initiées en *trois jours* à la lecture, à l'écriture et à l'orthographe de l'oreille.

L'Œuvre vient aussi d'abonner à ses frais les sept communes émules de Frotey, à plusieurs journaux — dont un quotidien ; — de s'offrir pour les aider à fonder ou à augmenter leurs bibliothèques ; et de donner déjà environ 230 volumes à deux d'entre elles.

Enfin l'Œuvre de Frotey, a pris racine dans le pays, au point d'y avoir un siége de rechange, au besoin.

Voilà ce qu'a pu faire, en deux ans, avec moins de deux cents abonnés et malgré mille obstacles, l'Œuvre de Frotey. Mes *Lettres* racontent en détail ces actes et leurs premiers résultats. Le temps montrera les autres. Une idée nouvelle ne donne pas sa moisson en une ou deux années, comme un champ de blé ou un carré d'asperges.

Mais les vrais, les grands progrès de notre Œuvre, chers souscripteurs, ne sont pas ceux que j'étale si complaisamment à vos yeux ; ils marchent à petite vitesse, sans bruit, sans éclat, sur des rails de velours, dans le tunnel des âmes, d'où bientôt, sans crier gare, ils s'élanceront tonnants, flamboyants, rapides, en balayant devant eux tous les obstacles.

D'ailleurs n'eussions nous fait jusqu'ici, chers souscripteurs, que répandre dans le monde l'idée de la commune modèle, et commencer dans les campagnes cette agitation amère qui empêche les âmes aussi bien que les océans de se corrompre dans l'immobilité, que nous n'aurions perdu ni notre temps, ni notre argent. Ce résultat est déjà d'une telle importance que nous devrions continuer notre Œuvre, alors même que nous aurions la certitude de n'en jamais obtenir d'autre.

Comme on ne m'a ménagé aucun reproche, j'ai dû, dans ces *lettres*, ne m'abstenir d'aucune justification.

Mes longs bulletins sont l'histoire de l'Œuvre de Frotey pendant ses deux premières années. Je crois n'avoir rien omis d'essentiel à cette histoire. L'opposition cléricale contre laquelle j'ai eu à défendre cette œuvre, en sera le point saillant. A Paris, c'est cette opposition même qui a scandalisé les honnêtes gens. Dans la Haute-Saône, ce qui scandalisera bien du monde peut-être, ce sera l'oser de ma résistance et de mon franc-parler. Beaucoup me blâmeront, ne comprenant pas que je ressuscite sur nos collines plantées de vignes, les échos éteints de la Galilée et du mont des Oliviers ; que je défends parmi eux le vrai christianisme ; que la voix qui sort de ma bouche est celle du progrès divin et non la mienne. Mais leurs fils, un jour, le comprendront ; et alors, ô mes jeunes compatriotes haut-saonois ! Vous me dédommagerez, par vos éloges reconnaissants des blâmes précipités de vos pères !

En attendant, il me suffit que ma conscience m'autorise à fermer ces lettres par cette devise : *sans peur et sans reproche*, qui fut le beau surnom d'un honnête et d'un brave.

Rien n'égalerait mon bonheur, très-chers adhérents, si vos suffrages venaient, par surcroît, s'ajouter au bon témoignage de ma conscience.

J'ai suivi cette maxime du pape saint Grégoire-le-Grand : « Il est toujours bon de dire la vérité, quand même il devrait en naître du scandale. » *Je devais* la vérité à l'histoire, je l'ai dite : *advienne que pourra!*

Quoi qu'il advienne, j'en bénirai Dieu en chantant intérieurement ces belles strophes de mon ami le Dr Poujade, ce médecin de génie qui a complété l'unique, le salutaire axiome de la médecine expectante : NE RIEN FAIRE ET LAISSER AGIR LA NATURE, par ces mots sublimes et AIMER SES MALADES. — Oui, l'amour est la panacée, le remède à tous les maux du corps humain et du corps social ; aussi, le grand thérapeuthe de l'Evangile qui guérissait les malades par la divine formule AIMEZ-VOUS LES UNS LES AUTRES, n'a-t-il pas donné à ses disciples d'autre axiome d'économie sociale. Oui, l'amour est le salut du monde.

Je ne détournerai pas beaucoup de leur intention première les vers du Dr Poujade, si je les applique à mon espoir d'une prochaine réalisation de la commune modèle par la charité :

Nous sommes arrivés aux jours des grandes choses,
Où l'âme des élus et des crucifiés
Verra trois mots écrits dans les apothéoses :
DIEUX BONS, — PEUPLES UNIS, — HOMMES ASSOCIÉS.

Amis, ne doutons plus, levons-nous ! Dieu s'avance.
Il sème un âge d'or sur notre âge de fer ;
Et l'ange des pardons allume une espérance
A chacun des degrés de l'éternel enfer.

Debout ! *sursum corda!* chantons l'hymne des fêtes !
Bientôt on nous verra, sortis de tous nos maux,
Couronner de lauriers l'image des prophètes
Et recevoir Dieu même au seuil des temps nouveaux !

Les convenances ne me permettant pas de placer ma signature immédiatement au dessous de ces beaux vers du Dr Poujade, et mon nom devant terminer cette lettre, j'ai besoin d'une fin. En voici une, chers souscripteurs, à laquelle vous ne vous attendiez guère.

Ma tête surexcitée par l'injustice peut facilement s'emporter à dire tout ce qu'elle sait, tout ce qu'elle pense, — et soyez sûrs qu'elle sait et pense tout ce qu'elle dicte à ma main, — mais mon cœur, meilleur que ma tête, voudrait ensuite verser de l'huile sur les moindres blessures que la mauvaise aurait pu faire.

Pour finir ces *Lettres* comme je les ai commencées, je propose donc de nouveau aux ultramontains la conciliation et la tolérance que je leur avais offertes, en ces mots, à la page vingtième de ma première lettre :

« Je ne viens faire obstacle à personne et voudrais aider à tout le monde. A côté du curé, de l'instituteur et du maire, sinon toujours avec eux et de la même manière, je viens travailler au bien de la famille municipale, et cela dans un esprit de conciliation, de fraternité, de concorde dont, quoi qu'il arrive, je ne me départirai jamais. »

Je fais la moitié du chemin ; que MM. les ultramontains fassent l'autre. Pourquoi n'accepteraient-ils pas la main que je leur tends ? Pourquoi ne supporterions-nous pas nos opinions différentes aussi charitablement que nous supportons les différences de nos goûts et de nos figures ? Pourquoi, comme gage d'une paix sincère, Son Eminence le cardinal Mathieu ne viendrait-il pas, entouré du séminaire (1) de Vesoul et de MM. les desservants (2) des huit communes du concours

(1) Les séminaristes de Vesoul, en traversant Frotey, le 22 novembre dernier, ont chanté, contre cette commune une chanson en 35 couplets.

(2) Quoique mon curé vienne encore de me calomnier à la grand messe (25 juin 1865), au lieu de le citer devant les tribunaux, je lui pardonne et je maintiens mes avances pacifiques.

vicinal, présider la fête que nous célébrerons le 20 août sur la Roche de Frotey, sous le dais azuré du ciel?

Ne serait-ce pas un beau, un chrétien spectacle qui édifierait les hommes et qui réjouirait les anges!

Si MM. les ultramontains refusent cette conciliation et cette tolérance, qu'au moins ils répondent à mes raisons typographiées et signées, par des raisons qui se présentent honnêtement; il y a du papier, de l'encre et des imprimeurs à Vesoul comme à Paris, et il y va de leur intérêt autant que de leur honneur, de me faire une guerre plus décente.

Mais j'espère que cette lettre, justifiant la belle épigraphe empruntée à M. Duruy, *élargira* l'intelligence, *détruira* l'exclusivisme de la passion parmi nos adversaires, et *pacifiera* ainsi les esprits et les cœurs.

Ne souriez pas, chers souscripteurs, je parle très-sérieusement. Hippocrate guérissait, tantôt par les semblables — *vomitus vomitu* — et tantôt par les contraires; pourquoi ne triompherais-je pas de l'opposition en employant contre elle, l'une après l'autre, dans cette lettre, les deux méthodes du père de la médecine?

Paris, juin 1865. AUGUSTE GUYARD.

Je reçois à l'instant la lettre suivante :

» Monsieur Guyard, depuis le jour où j'ai reçu de vous le *Petit Moniteur du soir*, j'ai fait en sorte de lui donner la plus grande publicité possible, en même temps que je m'efforce de patroner de tout mon pouvoir votre œuvre philantropique. Je vous remercie de l'honneur que vous me faites, en m'offrant de faire partie du Jury des récompenses à décerner au *Concours vicinal* du 20 août; j'accepte avec reconnaissance votre offre obligeante... »

Signé : CHARRIÈRES, adjoint à Quincey.

M. Colson, adjoint à Comberjon, veut bien s'associer aussi d'une manière active à notre *Œuvre de civilisation des campagnes*, en faisant lire assidument le *Petit Moniteur* et *La Fraternité* que je lui envoie. Honneur et merci à ces intelligents adjoints.

Hier 29 juin, la Société protectrice des animaux a voté une médaille en argent pour le prix d'*Ornithophilie* de notre concours vicinal du 20 août.

www.ingramcontent.com/pod-product-compliance
Lightning Source LLC
LaVergne TN
LVHW050421160826
845677LV00002BA/465

* 9 7 8 2 3 2 9 7 3 6 2 0 4 *